歴史文化ライブラリー

131

東国の南北朝動乱

北畠親房と国人

伊藤喜良

吉川弘文館

目次

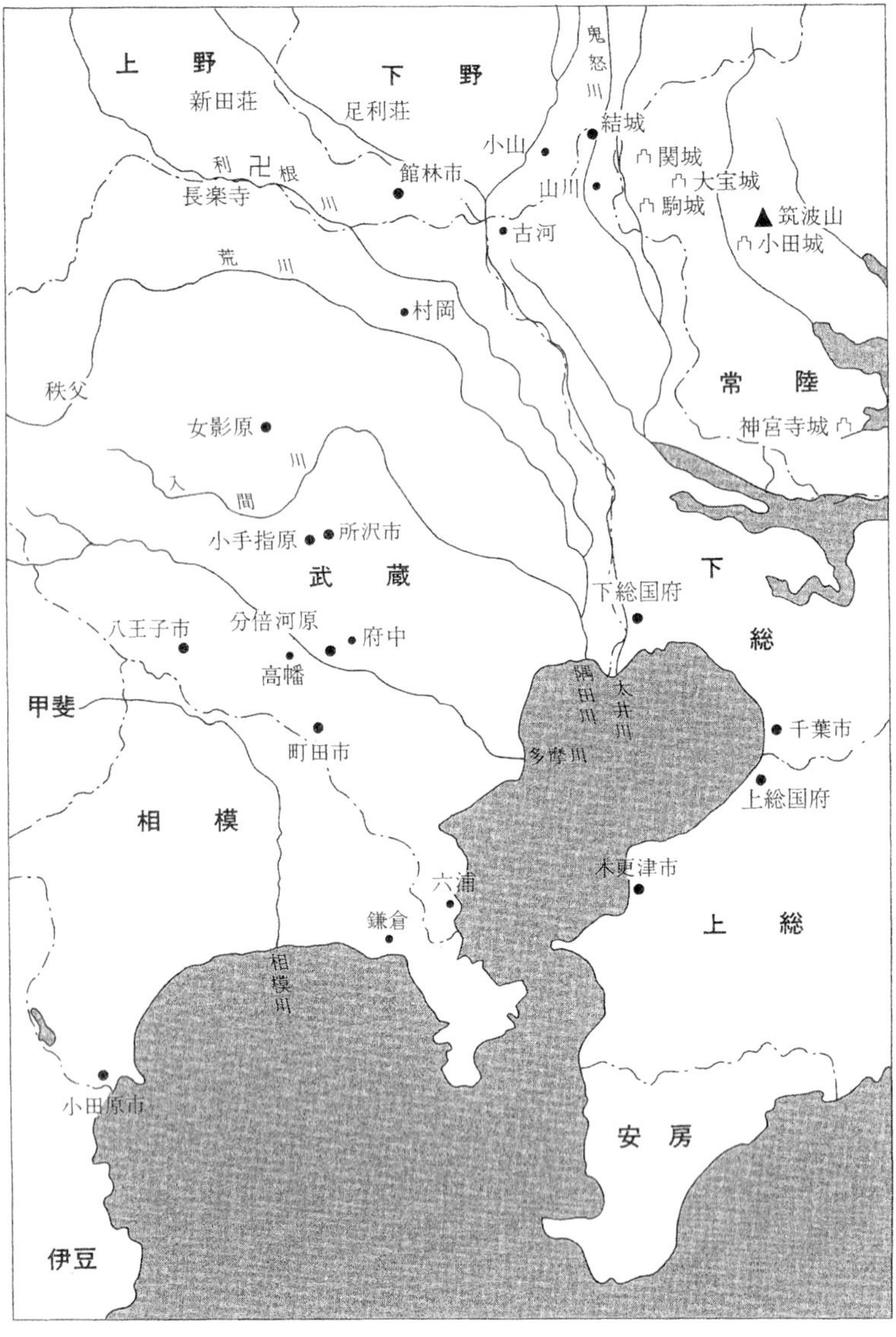

関東地方関係要図（『日野市史史料集』の原図に補筆）

天下時勢粧――プロローグ

時の流れ

『太平記』巻二十一に「天下時勢粧《じせいしょう》の事」という見出しの節がある。これは天下が時の流行《はやり》の姿にしたがっていくということ、すなわち天下が武家方になびいていったことを述べている一文である。そこには次のように書かれている。

暦応《りゃくおう》元年（一三三八）の末に、四夷八蛮《しいはちばん》（地方の武士）がことごとく王（後醍醐《ごだいご》天皇）を助けて大軍を同時に起こしたので、後醍醐天皇の聖運が開けるかにみえたのであるが、北畠《きたばたけ》顕家《あきいえ》、新田義貞《にったよしさだ》がともに流矢《ながれや》にあたって命を落とし、そのうえに奥羽から下向してきた諸氏が、奥州へ赴かんとして海難にあって行方知れずとなってしまったとの風説が流れたので、世の中の人々はこれで天下の形勢は決まったと思ったのであろうか、結城《ゆうき》上野《こうずけ》入道《にゅうどう》（結城宗広《むねひろ》）の子息である大蔵小輔《おおくらのしょうゆう》（親朝《ちかとも》）も、父親の遺言に背いて幕府に降参し、芳賀兵衛入道禅可《はがひょうえにゅうどうぜんか》（芳賀高名）も主の宇都宮入道（公綱《きんつな》）の子息加賀寿丸《かがじゅまる》（氏綱《うじつな》）を取り込んで将軍（幕府）方に属し、主従の礼儀を乱して己《おのれ》の権勢をほしいままにしている。このときに新田氏の残党がなお残って城々に立て籠もり、後醍醐の子供の皇子たちが国々に潜んで時勢を待っているといっても、猛虎が檻《おり》に入れられたり、追いつめられた鳥が羽をそがれたような状況であるので、檻に入れられた虎（皇子たち）の眼も遠くを見る威力を失い、籠《かご》の鳥（皇子たち）の悲しい心はただ天の雲を望んで、なんとか変事がないかと待つばかりである。このように記しているこの文には、当時の情勢が簡潔にまとめられている。

本書の視角

しかし、東国の動乱の中でも最も激しい戦いであった「常陸合戦」、すなわちこれから論じようとする北畠親房《ちかふさ》の行動や常陸での激しい戦いは一言半句も触《ふ》れられていない。関わりがあるといえば結城親朝《ちかとも》の「裏切り」や宇都宮氏の内情が簡単に述べられているのみである。まさに本書はこのことをテーマとして述べようとしているのである。「天下時勢粧」にいたる画期の一つは、暦応元年から始まった東国における南軍と幕府軍の攻防戦にあった。この地で南軍が決定的に敗北したことにより、「天下時勢粧」にいたったのである。そこでこの東国における合戦をやや詳しく論じてみようとするものである。その理由は東国の領主・武士層の変化や支配の転換をみたいことが第一である。また鎌倉府などの成立過程についてもふれてみたいことが第二である。さらに上流公家である北畠親房の思想と行動をも追究したいからである。

『太平記』は東国武士に対しては、『太平記』の作者の思想からして批判的である。「天下時勢粧の事」の前の巻二十に「結城入道（宗広）地獄に堕《おち》る事」という説話を載せている。それは南朝の「忠臣」である宗広が地獄に落ちて責めさいなまれるというものであるが、その落ちる理由が、「十悪五逆」の悪人であり、日常的に鹿を狩り、鷹を使った狩猟をし、さらに咎《とが》なき者をうち縛り、僧尼を殺すこと数知らず、常に死人をみなければ気分が晴れないといって毎日二、三人の首をはねており、これが地獄に落ちた理由だというのである。このことはまったく事実に反しているわけではない。狩猟については東国武士の習いであったし、また殺害についてもこれが武士の生業であったことも事実である（これらのことは後で述べる）。顕家《あきいえ》が奥羽軍を率いて上洛するときにも、奥羽の者どもは本来「無慚無愧《むざんむぎ》」の夷《えびす》どもだから、路地の民屋を追捕《ついぶ》して神社仏閣を焼き払い、この軍勢が通過していった後には海道二、三里の間には、在家《ざいけ》の一字、草木の一本も残らなかったというのである。この当時の軍勢とはここに述べられている奥羽の者どもだけでなく、東国の軍勢一般がこのようなものであったということができよう。そもそも軍隊たるものは人殺しが本質的な任務で略奪をともなうものであった。このような東国社会、軍勢のなかに果敢に身を投じてきたのが京都の上流公家である北畠親房らであった。親房は鎌倉時代的な武士像を理想として、東国国人と確執を深めていくのである。

本書では動乱初期の東国を視点にすえ、鎌倉府などの幕府支配機構の成立過程、結城親朝が幕府に降るまでの動き、宇都宮氏をはじめとする北関東・奥羽の有力豪族・国人《こくじん》層の「主従の儀礼を乱す」動向を一揆の結成という観点からみることとする。さらに南朝軍の組織者であった北畠親房の思想と行動を検討しながらみていきたいとおもう。そして彼は東国に何をもたらし、近現代社会にどのような影響を与えたか推測してみようと思う。

貴種の下向

東国とは

関東は戎夷なり

正中《しょうちゅう》の乱は後醍醐《ごだいご》天皇による「宮廷密謀《みつぼう》」ともいうべき性格をもった事件であった。すぐさま六波羅《ろくはら》探題《たんだい》の知るところとなり、日野資朝《ひのすけとも》・俊基《としもと》らが捕らえられて六波羅に連行されたのであるが、このときの後醍醐の弁明が「珍奇」なものであったことが知られている。

関東は戎夷《えびす》なり、天下管領《かんれい》しかるべからず、率土《そっと》の民皆重恩《ちょうおん》を荷なう、聖主の謀叛《むほん》と称すべからず、但《ただ》し、陰謀の輩《ともがら》あらば、法に任せて尋ね沙汰すべきの由《よし》これを載せらる、多く本文を引かる、その文体宋《そう》朝の文章のごとし

（『花園《はなぞの》天皇記』元亨《げんこう》四年十一月十四日条）

後醍醐天皇の政治思想は宋学がその根底にあったといわれている。しかし後醍醐の意識は宋学だけでは律しきれない。「関東は戎夷なり」とする『花園天皇記』にみられる考えは、強烈な王土王民《おうどおうみん》思想に彩られたものであり、「中華」思想をも感じさせられるものである。花園上皇はこの弁明書は信用しがたいとしながらも、もし事実ならば、後醍醐は「狂人」であると嘆いているのである。「狂人」であろうとなかろうと後醍醐が東国などに居住する武士らに強烈な賤視《せんし》観を持っていたことは疑いないところである。

このころの公家の多くは畿内《きない》こそ「日本国」であり、東国などの周辺・周縁地域を「外国」で野蛮なところであるとする意識を持っていた。このような意識は平安時代につくられた浄穢《じょうえ》思想からきていた。中央の京都がもっとも清浄で、辺境はけがれているとするものである。

この時代の公家の国家観は「天下」があって、その「天下」の中に「日本国」（畿内）と「外国」（周縁地域）が併存するというものであった。彼らは観念の上で二つの国家という意識を持っていたのである。そしてさらに天皇や公家の居住地である京都や畿内が清浄で至高の文化を持っており、周縁地域は野蛮で文化程度もきわめて低いとする観念が横溢《おういつ》していた。この野蛮で文化程度の低い地域の代表が東国であると意識されていた。だから後醍醐は率直に「関東は戎夷なり」といったのである。

「日本国」が「外国」を野蛮な非文化的地域とみなすようになるのは、律令国家の成立以前に「畿内政権」(「日本国」)を構成していた人々が、畿外(外国)の人々を従属した集団とみなしていたところに遠因があるとされている。

遠流の地と東国

東国は、広い意味と狭い意味で三種類存在していた。一つは律令制下の「関東」と同じ意味で、三関の東すなわち伊勢鈴鹿《すずか》、美濃不破《ふわ》、越前愛発《あらち》の三関の東を指す概念であった。第二は遠江《とおとうみ》・信濃以東を指している場合である。第三に坂東《ばんどう》と同じ意味であり、現在の関東地方を称して東国と呼んでいる場合である。本書で取り扱う「東国」とは主として第三の場合である。ただし、奥羽を含めて「東国」としている場合もある。


ところで十世紀初頭に成立した『延喜式《えんぎしき》』二十九には、犯罪をおかした者が流される地域をその罪の軽重により、遠流《おんる》・中流《ちゅうる》・近流《きんる》と、京都からの距離により、三地域に分類している。ここにみられる遠流の諸国は伊豆・安房《あわ》・常陸・佐渡・隠岐・土佐の諸国である。中流地は信濃・伊予の両国であり、近流地は越前と安芸《あき》である。

古代においては罪が穢《けがれ》と意識されていたことより、遠流地は穢の追放場所として意識されていた。東国については、伊豆・安房・常陸辺りは穢地であり、国家の周縁地として意識されていたものとみなされる。以後時代が下るにともなって、穢地はしだいに北上して、中世には津軽半島東側の「外が浜」が、流罪地、穢地となっていくことはよく知られていることである。

　王都である平安京から離れれば離れるほど王権は弱くなり、穢がつよくなるという観念が古代・中世には強く存在していた。東国（坂東）の入り口である伊豆国は境界の国であった。そして流罪の国としても有名である。源頼朝をはじめとして、伊豆に流された「犯罪者」は数多く存在している。江戸時代の刑罰である遠島《えんとう》の「八丈島送り」などはその名残である。また都では伊豆国に異形《いぎょう》の鬼が出現したとの噂も広まったりしている（『玉葉』承安《じょうあん》二年七月九日）。異類異形が出没する地域ともみられていた。この国以遠の東国の諸国は推して知るべしである。

狩猟民の社会

　建久四年（一一九三）五月の富士の巻狩《まきが》りの折、頼朝の子頼家《よりいえ》が鹿を射止めた状況を『吾妻鏡《あずまかがみ》』は次のように記している。

> 十六日　辛巳《かのとみ》　富士野の御狩の間、将軍家督の若公（頼家）、始めて鹿を射しめたまふ。愛甲《あいこう》三郎季隆《すえたか》、もとより物逢《ものあい》の故実を存ずるの上、折節《おりふし》近々に候し、殊勝《しゅしょう》に追

ひ合はすの間、たちまちこの飲羽《いんう》ありと云々。もつとも優賞に及ぶべきの由、将軍家大友《おおとも》左《さ》近《こん》将監《しょうげん》能直《よしなお》をもつて内々感じ仰せらると云々。この後今日の御狩を止められをはんぬ。晩に属して、その所において山の神・矢口《やぐち》等を祭らる。江間《えま》殿（北条義時）餅を献ぜしめたまふ。この餅三色なり。（中略）鹿を獲しめたまふの時、候じて御眼路にあるの輩の中、然《しか》るべき射手三人これを召し出され、矢口の餅をたまふ。いはゆる一口は工藤庄司景光《かげみつ》、二口は愛甲三郎季隆、三口は曾我太郎祐信《すけのぶ》等なり。（中略）まづ景光召によつて参進し、蹲居《そんきょ》して白餅を取りて中に置き、赤を取りて右方に置く。その後三色をおのおの一つこれを取り重ね、黒上、赤中、白下、座の左の臥木《ふしき》の上に置く。これ山の神に供すと云々。次にまた元のごとく三色これを重ね、三口これを食ひて、始めは中、次は左の廉《かど》、次は右の廉、矢叫びの声を発つ。はなはだ微音なり。次に季隆を召す。作法、景光に同じ。（以下略）

千葉徳爾氏らによれば、このような頼朝によって行われた大規模な狩猟は「国家を統治するのは自分である」とするデモンストレーションと「統治の資格を神に問う」ためのものであったとされている。すなわち、「東国国家」の首長であることを東国武士に確認させることにあったという。さらにここで注目されていることは、頼家が鹿を射止めたときに行われた、上記のような大々的な山の神を祭る矢口祭《やぐちのまつり》が行われたことである。このことは頼家が頼朝の地位を受け継ぐものであることを武士たちに承認させる儀礼であったとされている。

なぜ狩猟がこのような意味をもっていたのであろうか。それは東国の武士が狩猟民の系譜を引いているものが多く、東国は狩猟民の社会であったからである。武士が狩猟民的性格を有していたことを示すものとしてよく知られているのが、富士の巻狩りで頼家が鹿を射止めた一一日後の二十七日の『吾妻鏡』に書かれているエピソードである。それは大略次のようなものである。「この日も終日にわたって狩を催した。この日、非常に大きい鹿が一頭頼朝の前に走ってきた。工藤庄司景光が頼朝の馬の左方にいたのであるが、彼はこの鹿は景光のものだ、自分が射取ると頼朝に申しあげて、その許可を得た。景光はたいへん上手な射手であったので、皆これに注目した。景光は第一矢を放ったが当たらずに鹿の一段ばかり前を射抜いた。景光はさらに二・三の矢を射たが前と同様に当たらずに、鹿は山の中に逃げ込んでいった。景光が弓を棄てていうことには、景光は十一歳より狩猟を生業としてきた。しかしすでに七十余歳、今までに弓手《ゆんで》（左側）に来た獲物を逃がすということはなかった。しかるに今心神がぼう然として、はなはだ混迷している。この鹿は山の神の使いであることは疑いない。それで自分の運命はきっと縮まってしまうであろう。後日、皆このことを思い出すべきであると述べたという。各々が奇異の思いでいたところ、その晩に景光は発病してしまったという」。工藤景光は十一歳から七十余歳まで狩猟で生計を立ててきたというのである。まさに彼は狩猟民であったのである。動物を殺すことを生業としていたのである。東国の武士層の多くは景光と同様であった。だから東国の武士団そのものも殺伐とした側面が存在しており、弓を得意とし、馬を巧みに乗りこなす者たちであった。

東国武士

東国武士の在り方を示すエピソードとして有名なものが、『平家物語』の「富士川の戦い」の前の晩に、京都から関東に押し寄せてきた平家軍の大将平維盛《たいらのこれもり》に、斎藤実盛《さねもり》が述べた言葉である。「維盛が実盛にお前ほど強い弓を引くものは関東八ヵ国にどのくらいいるかと問うたところ、自分ほどの腕のものはいくらでもいると述べ、東国の大名は従者の少数のものでも五〇〇騎以下のものはおらず、馬に乗れば落馬せず、どんなに険しい場所でも駆け抜けて決して馬を倒すことはしない、戦いになると、親も討たれよ、子も討たれよ、死ねば乗り越え、乗り越え戦うのが東国武士である、これに対して西国の武士団というものは、親が討たれれば供養して喪があけてから押し寄せ、子が討たれれば子供の死を嘆いて戦わない、兵粮米《ひょうろうまい》がつきると田を耕し、収穫してから戦い、夏は暑いといい、冬は寒いといって戦いを嫌うが、東国にはまったくそのようなことはない」といって、平家側の武士層をふるえおののかせたという。

東国武士団は西国の武士団のように田畑を支配の中心にすえた武士団でなかったことを多少オーバーに述べているのであるが、事実東国は「殺生」や「死」というものについて重大視しない社会であった。日常的に「殺生」が行われている社会であった。そもそも武士たるものは「殺人」を仕事とする集団であったといえる。しかし、西国社会においては、仏教の影響もあって、「殺生」を悪業《あくごう》とする思想が広まっていった。『八幡愚童訓《はちまんぐどうくん》』という八幡神の霊験を一般民衆に分かりやすく説いた縁起があるが、そこには動物を殺すということは極め付けの悪業・罪悪と論じられている。畿内近国においてはこのような意識は強い差別のイデオロギーを発生させる根拠の一つにもなっていった。殺生に携わる人々は非人と呼ばれる人々の中に含まれるようになっていった。ところが狩猟民的な社会の東国においては、殺生を悪業とみなす意識は当然ながら存在しておらず、罪の意識は希薄であった。

東国と西国の差異は数々あるが、その中でも殺生の意識がもっとも注目されるところである。しかしその東国も鎌倉幕府が成立すると、少しずつ畿内化されてくる。畿内社会に蔓延している天皇に関わる呪術的な思考や、殺生を悪業とみなす観念が東国にも浸透してくるのである。

東国の武士が皆狩猟民の出身ということではない。当然開発領主層・土着貴族なども多かった。むしろ上流武士層は千葉氏をはじめとして開発領主層が占めていたといえよう。しかし彼らも『平家物語』にみられるように、武勇を尊び、死を問題としない武士であったのである。そのような東国の武士が『今昔《こんじゃく》物語』のなかに多くみられる。たとえば平忠常《ただつね》の乱を起こしたことで有名な忠常は、上総《かずさ》・下総《しもうさ》に勢力を張り、公事《くじ》を怠ったことにより、常陸守《ひたちのかみ》源頼信《よりのぶ》によって討伐の軍を起こされたのであるが、頼信がもっとも頼りにしたのは国の兵・館《やかた》の者ども二〇〇〇騎であったが、そのほかに左衛門大夫惟基《だゆうこれもと》という在地の武士が三〇〇〇騎を率いて加勢し、そして勝利をおさめたというのである。彼らのような者を辺境軍事貴族と呼んでいるが、彼らは国司に肩を並べるような勢力を持っていた。このような者どもは関東では三浦・千葉・上総・小山《おやま》・宇都宮・佐竹氏らが知られており、また奥羽では安倍・清原・藤原氏らが有名である。坂東のこのような勢力が京都側を武力で圧倒し、鎌倉幕府が成立する。

奥羽と関東

本書はテーマからして、奥羽地域も当然叙述の対象としている。奥羽を東国に含めることには抵抗感もあるとおもわれるが、広い意味での東国と考えている。奥羽と関東は古代以来、さまざまな対立をへてきていた。平安時代から平泉《ひらいずみ》政権の滅亡までの両地域の争いを「東国・東北戦争」などと呼んでいる研究者もいる。

奥羽といっても南奥羽と北奥羽では古代では大きく異なっていた。すなわち現在の盛岡市と秋田市を結ぶ線以北は「蝦夷《えぞ》の地」であることが長く続いたのである。そして盛岡と秋田を結ぶ線以北の住民を蝦夷と呼んでいたのである。これは中央政府の直接支配外という意味とともに、異文化の担い手であるという意識も込められていたという。奥羽の南部地域は政府の統括のなかに古くより入っていたが、北部は平泉政権から鎌倉時代にいたらなければ中央政府の支配地とはならなかった。

この蝦夷の支配者として登場してくるのが奥州藤原氏（平泉政権）である。奥羽が大きく転換するのは、十一世紀中葉の前九年・後三年合戦からである。奥六郡《おくろくぐん》の蝦夷の族長である安倍氏が背いたことにより、政府は源頼義《よりよし》に命じて討伐したとされているのが前九年合戦である。この頼義に加勢した山北《せんぼく》三郡の清原氏がこの合戦で最大の収穫を得て、山北三郡に奥六郡を加えて奥羽の最大の実力者になったのであるが、一族内部に争いが起こり、関東に大きな勢力を扶持《ふち》していた頼義の子義家《よしいえ》がそれに介入して、清原氏は滅ぼされてしまう。これが後三年合戦であるが、清原氏に代わって奥羽の覇者となったのは藤原清衡《きよひら》であった。

平泉藤原氏は奥六郡・山北三郡を統括するだけでなく、鎮守府《ちんじゅふ》将軍・押領使《おうりょうし》等の官職を得て、奥羽全域を支配するようになったのである。藤原氏は「俘囚《ふしゅう》の遠酋《えんしゅう》」などと呼ばれているが、中央貴族と血縁関係にあるのではないかともいわれている。いずれにしても平泉藤原氏は奥羽・蝦夷を統括する大勢力となり、政庁が存在した都市平泉は最初の武家の都とされている。

だが鎌倉幕府が成立すると、平泉政権は幕府の背後を脅かす勢力となり、頼朝との激突は避けられなかった。文治五年（一一八九）七月、頼朝は大軍を率いて鎌倉から北上を開始し、途中の阿津賀志山《あつかしやま》（福島県中通り北部）の合戦で平泉軍を破り、八月二十二日には平泉を占領した。ここに奥羽の覇者は滅亡したのである。この合戦により奥羽の領主層の多くは没落し、関東の武士層が奥羽の地に所領を与えられて乗り込んできた。中世に活躍する奥羽武士の多くは、関東から下向《げこう》してきた者たちである。奥羽の地は関東の植民地と化し、ことに膨大な所領が北条氏一族の手の中に入っていった。以後関東と奥羽とは相容れない関係となっていくのである。建武政権下の陸奥国府と鎌倉将軍府との関係、南北朝動乱期の関東と奥羽、室町期の京都扶持衆《ふちしゅう》問題など、歴史の節目ごとに奥羽と関東の確執がみられるのである。本書も次章以下でその点についてふれるつもりである。

鎌倉幕府と東国

鎌倉幕府の成立は東国の人々にとって、西国（畿内政権）の支配と賤視から脱却するチャンスであった。頼朝そのものは「貴種」であったが、幕府を成立させた人々は「戎夷《えびす》」に位置づけられる人々であった。そして「東夷《あずまえびす》」と呼ばれ、古代以来、中央の搾取と賤視を受け、中央貴族の番犬として生きてきた人々の子孫であった。そのために中央に対しては敵対的意識も強かった。そのような者たちが自前の権力をつくりあげたのである。それが鎌倉幕府である。

幕府は成立すると、自立をめざした東国政権からしだいに全国的な政権へと脱皮していった。それとともに鎌倉にも京都を模倣する動きが顕著となっていった。三代将軍源実朝《さねとも》の京好みはともかくとして、政治・文化・思想の京都風の有様が持て囃《はや》され、密教、陰《おん》陽《みょう》道《どう》や殺生禁断思想などが続々と鎌倉に流れ込んできた。鎌倉後期の宮廷女性二条《にじょう》が書いた『とはずがたり』に、鎌倉に下向した情景が記されている。そこには「極楽寺という寺に参ってみると、僧の所作は都とまったく同じで、みていて懐かしく思われる」、「またこの地で鎌倉新八幡の放生会《ほうじょうえ》ということも催されるので、その様子も知りたくて出かけた。将軍のその会にお出でになる有様は、所柄としては、これもたいした御威勢と見える。大名達はみな狩衣《かりぎぬ》で出仕している。（中略）平左衛門入道という者の嫡子平二郎左衛門が、将軍の侍所《さむらいどころ》の所司として参ったが、その有様などは、たとえていえば、関白などの御振舞のように見えた」、「飯沼の新左衛門は、歌も詠み、風流人という評判もあったゆえであろうか、若林の二郎左衛門という者を使いにして、たびたび私を呼んで、継歌《つぎうた》などしたいとねんごろにいってくるので、出かけてみると、新左衛門は思っていたよりも、実際は情ある人のようで、たびたびその邸に寄り集まって、連歌や和歌など詠んで交際する」（いずれも冨倉徳次郎訳『とはずがたり』より）等々が書かれており、都市鎌倉ならびに鎌倉の権力者が京都風に染まっているとみることができよう。しかしいかに鎌倉が京都風になろうとも、畿内の人々は東国の人々を「戎夷」「東夷」とみなしていた。

畿内の人々からいかに賤視されようと、幕府は自信を持って京都とまったく異なった政治体制と政治理念をつくりあげていった。政治体制は執権《しっけん》政治にみられる評定《ひょうじょう》制度であり、政治理念は貞永式目《じょうえいしきもく》である。鎌倉幕府のこの制度を京都の上流公家である北畠親房《きたばたけちかふさ》は高く評価する。その体制と理念の基本は東国武士団の道理と先例や慣例、すなわち東国社会の在り方の中から出てきたものである。

東国の社会は主従制の社会であった。すでに述べたように東国には開発領主と呼ばれるような豪族的な武士が多く存在していた。鎌倉幕府が成立するとこのような武士の多くは御家人になり、将軍との間で主従制を結んだのである。豪族的武士は郡単位で所領を持ち、一族を配置して所領支配を行っていた。一族の長である惣領《そうりょう》は、所領内の郷《ごう》や保《ほ》の地頭職を庶子《しょし》に分け与え、庶子をまとめて一族で軍役を負担していた。さらに庶子たちは郷などの本拠の館を中心にして、これまた主従制で結ばれている郎党《ろうとう》や所従《しょじゅう》を使って、百姓などを支配したのである。西国ではこのような大規模な武士団は少なく、むしろ中小規模の武士団が多く、主従制も惣領を中心とした強固なものは少なく、幕府への軍役も守護を通して国ごとに負担している場合が多かったといわれている。詳細は省くが東国と西国との間には武士の世界だけでなく、百姓の世界、山や海の民、職人の世界などあらゆるところの生活レベルで相違があった。

このような東国の世界の中に飛び込んできて、奥羽に二年、北関東に足掛け五年にわたって悪戦苦闘した公家がいた。北畠親房である。

建武政権と東国・奥羽

鎌倉合戦後の鎌倉

毎年十一月初旬、鎌倉各寺の「宝物風入れ《ほうもつかざい》」のころ、学生とともに鎌倉に研修旅行に訪れ、円覚寺や建長寺などの古文書や宝物を観賞した後、東勝寺《とうしょうじ》「腹切りやぐら跡」を訪れるのが定例のコースである。

現在は宝戒寺の境内である腹切りやぐら跡を訪れる観光客はほとんどいない。静かな新興住宅の間を少し登りながら歩んで行くと、鬱蒼《うっそう》とした薄暗い木立ちの中にやぐら跡が現れてくる。岩を彫り込んだやぐら跡は中が暗く、数十本の塔婆《とうば》がバラバラと立て掛けられており、六七〇年前の「怨霊《おんりょう》」が暗闇の中から出現するのではないかというような気分になるのは不思議なことである。学生たちのなかには「霊感を感じ易い体質である」と称

秋夜長物語絵巻（出光美術館蔵）

して、気持ち悪そうにして、そばに近づこうとしない者も多い。

東勝寺は元弘《げんこう》三年（一三三三）五月二十二日に、最後の得宗《とくそう》である北条高時《たかとき》が自害した場所として有名である。『太平記』によれば、内管領《うちかんれい》の長崎一族の切腹を口火に自害が始まり、北条一門やそれまで得宗に従っていた得宗被官らが腹を切ったり、自らの首を掻き切ったりして思い思いに最期を遂げていったという。高時もしばらく逡巡していたが急《せ》かされて最期をとげた。自害した人々の数は北条一門の二八三人を筆頭に、東勝寺で死んだ者は八百七十余人にあがり、全鎌倉中で六〇〇〇人を超えたという。これより半月ほど前に六波羅探題《ろくはらたんだい》が陥落し、近江番場宿《ばんばじゅく》で四三二人が自害し果てていた。

鎌倉を落とした軍勢の大将は新田義貞《にったよしさだ》であった。『保暦間記《ほうりゃくかんき》』は鎌倉合戦を次のように記している。「上野国《こうずけのくに》に尊氏《たかうじ》一族新田義貞と云者あり、早《はや》鎌倉へ発向《はっこう》す、尊氏が息男《そくなん》あり、共合戦を致すべき由を尊氏催促す、則《すなわち》義貞彼命を受て、武蔵・上野・相模等の勢を催して鎌倉へ馳上《はせのぼり》て、高時の一族等を攻め、尊氏が息男同旗を上」とあり、尊氏の息男である義詮《よしあきら》（千寿王《せんじゅおう》）が一方の大将として鎌倉攻めに参加したことを記している。『太平記』にはさらに詳細な義詮関係の記載がある。その後、足利直義《あしかがただよし》が鎌倉に下向してくるまでの鎌倉については不明な点が多い。ただ、新田義貞は上洛し、足利義詮が鎌倉に残されたことにより、鎌倉の実質上の主となったのは義詮であったといえる。しかし、義詮はこの時わずか四歳であったので、実質上鎌倉を掌握したのは義詮を補佐していた一族の斯波家長であった。家長は建武政権が崩壊した後、北畠顕家の二度目の上洛のおりに、それを阻止しようとして戦い、鎌倉近辺で戦死するのであるが、足利氏が東国を掌握するうえで彼が果たした役割は大きかった。

鎌倉幕府が滅亡した後の都市鎌倉はどうなっていたのであろうか。武家の都で当時における最高の文化都市であった鎌倉が、略奪と狼藉《ろうぜき》などにさらされていたであろうことは疑いないところである。『梅松論《ばいしょうろん》』には、毎日騒動が続いており、世上は不穏な空気に包まれていたと述べられている。京都や畿内近辺も同様な状況であり、体制が崩壊した後の混乱は古今東西いずこも同じであった。また東国や奥羽の各地には旧政権につながり、鎌倉が落ちる直前に脱出した諸氏がひそかに隠れ、鎌倉幕府再興の機会をうかがっていたであろうこともよく知られているところである。このような鎌倉や東国をどのように掌握するかは新政権にとってもっとも大きな問題の一つであった。

北畠顕家は陸奥へ、足利直義は鎌倉へ

後醍醐《ごだいご》が京都に帰還した二ヵ月後の八月五日に動きがでた。北畠顕家《あきいえ》を陸奥守、足利尊氏を武蔵守に後醍醐は任じたのである。これは顕家を陸奥に、尊氏を鎌倉に下向《げこう》させる伏線であった。この間の二ヵ月間は中央の権力機構をいかにつくっていくかということと、新政権の政策の検討についやされた。そのために地方にまで目を向ける余裕がなかったといえよう。特に、武士層をどのように権力機構内に取り込み、彼らもそれなりに満足するような政策を打ち出せるかが後醍醐に課せられていたのである。

八月に入ると土地政策などの関係から、地方の支配制度や国衙《こくが》機構の整備が重要であると認識されるようになり、地方に大物を送ろうとしたのである。ところで東国と陸奥をめぐっての『保暦間記』の次のような記述が通説的地位を占めている。「尊氏は官位は上がったのであるが、それ以上にさしたる恩賞を得なかったのは、大塔宮《おおとうのみや》（護良《もりよし》親王）が還《げん》俗《ぞく》して、宮《みや》将軍と申していたが、彼が反対したからである。尊氏が兵権を握ったならば、頼朝とかわらなくなってしまう。だから誅罰《ちゅうばつ》すべきであると後醍醐天皇に注進したのであるが、さすがに後醍醐は軍忠の仁だといってそのような要求は受け付けなかった。しかし、宮は種々の計略をめぐらして尊氏を討とうとした。畿内の武士は皆宮方についたが、

東国の武士の多くは尊氏方であるうえに、彼には譜代《ふだい》の武勇の者たちがいたのでたやすくは討たれず、将軍にさえ任ぜられようとしていると噂されていた。宮は二品《にほん》（二位）兵部卿《ひょうぶきょう》護良親王になったのであるが、征夷《せいい》将軍（征夷大将軍）にならなかったことを憤って策略をはかった。東国の武士の多くは出羽・陸奥の地を領して力もあるので、彼らを尊氏から離反させようと思いめぐらして、後醍醐天皇の皇子の一人（義良《のりよし》親王）を奥羽に下《くだ》そうとし、護良親王と親しい土御門《つちみかど》入道大納言（北畠親房）の息男顕家卿を国司になして、父子ともに奥羽に下した。この両国は日本の半分もあるといわれる大国であったので、このような計略はいわれのあることであった。同年十二月には、後醍醐の同じく皇子である成良《なりよし》親王を尊氏の弟直義朝臣《ただよしあそん》をそえて関東八ヵ国の守護として下向させた。彼は鎌倉の将軍と申した。しかし、出羽・奥州を取り離されたので、東国の武士が多く奥州に下り、古《いにしえ》の関東の面影はなくなってしまった」というのである。

この叙述は当時の政治状況をリアルに描いており説得的である。すなわち、足利尊氏と護良親王の政治主導権をめぐっての中央における抗争・確執、後醍醐の対応、旧幕府の本拠地をどちらの派が掌握するかという緊張感が伝わってくるのである。そしてこの両者の相克に北畠親房が深く関わっていたという。護良の尊氏追い落としの計略に一枚嚙んだ親房は子供の顕家とともに奥州に下り、奥州で勢力を拡大して鎌倉を圧倒したというのである。一方、尊氏方も負けてはいず、弟の直義が成良親王を奉じて鎌倉に下り、奥羽の勢力に対抗したというのである。

奥州小幕府をめぐって

この『保暦間記』を根拠に、佐藤進一氏は護良と親房の主導による「奥州小幕府」の樹立という有名な説を展開されている。その概要は次のようなものである。後醍醐天皇が理想としていた支配理念はあくまで天皇による直接支配であり、武士を組織する手段は国司制度のみであったという。一方、護良が構想していた支配は旧幕府に近いものであった。自らが征夷大将軍となり、「全国に号令」することにあった。しかしそのためには尊氏らの勢力が大きな障害になっていた。そこで関東・奥羽の尊氏勢力を牽制し、その削減をはかるために、親房・顕家を奥羽に下そうとした。後醍醐はこの提案に対して、自分の政治理念に反していることにより、内心反対であったのであるが、旧政権側の与党の叛乱を押さえることとともに、自分の寵愛《ちょうあい》する阿野《あの》廉子《れんし》の生んだ義良《のりよし》親王を通して奥羽の地を専制支配に組み込もうとしたためである。しかしこのような事態を尊氏は逆手にとって、後醍醐を説得して弟の直義を成良親王を奉じて鎌倉に下して、関東一〇ヵ国を支配させて、鎌倉小幕府の公認を勝ち取ったのであるという。足利尊氏と護良親王の確執を前提としたきわめて大胆な仮説である。

だがこの仮説を否定しかねない他の史料も存在している。『保暦間記』で土御門入道大納言といわれている北畠親房の著した『神皇正統記《じんのうしょうとうき》』がそれである。すなわち奥羽に下向した本人が著したものである。この書物には奥羽への下向について次のように書かれている。「同年（元弘三年）の冬十月に、まず東の奥（奥羽）を安定させようとして、参議右近中将《このえのちゅうじょう》源顕家卿を陸奥守になして遣わした。代々和漢の稽古（文官・文人）を家業として、朝廷に仕えて政治を行う道のみを学んできた。そのために官吏としての在り方も習わず、武勇の芸にも携わったことがないので、再三にわたって辞退したのであるが、天皇はすでに公家一統がなっており、文武の道のことではない、昔は皇子や皇孫、もしくは摂関や大臣の子孫の多くは軍の大将にも任じられた、今より以後は武を兼ねて藩屏《はんぺい》になれと仰せられて、自ら旗の銘をお書きになり、さまざまな武器をお与えくださいました。任国に赴くことも絶えて久しくなってしまったのであるが、古い例を尋ね探してその例にのっとって赴任の儀式がありました。この時に御前に召されて天皇からお言葉をかけられ、御衣や御馬などをいただきました。そしてさらに奥羽の安定のためにとのお言葉を受けて、御子（義良親王）を奥羽に伴い奉りました。たいへんに恐れ多くも、今上天皇の御言葉なので詳しくは記さない。彼の国に到着すると、ことに奥羽の者どもは両国ともに皆がなびいて従ったのである。同十二月には左馬頭《さまのかみ》直義朝臣が相模守を兼ねて下向した。彼も四品《しほん》（四位）上野《こうずけ》大守である成良親王を伴い奉りました。この親王は後に征夷大将軍をお兼ねになりました」。

『神皇正統記』では、後醍醐天皇が奥羽支配のために顕家を奥羽に遣わすことを計画したこと、親房は文官だからといって再三にわたって断ったのであるが、強く要請されたのでしかたなく引き受けたこと、義良親王を伴ったのは後醍醐の発意であることが述べられている。この記述は、『保暦間記』の内容と大きく異なるものである。この両書のどちらに信頼をおくべきであるかは判断が難しいところがある。佐藤進一氏は『保暦間記』の叙述によって護良と親房が提携して「奥州小幕府」構想を推し進めたとされているが、この書は後に編纂されたものである。一方、『神皇正統記』は当事者である親房が後に認めたものである。一般的には当事者の著したものに信を置くべきであるといわれているが、当事者の主観が入っていることも否定できない。ことに『神皇正統記』については、戦後の歴史学は戦前における皇国史観を厳しく批判し、科学的な歴史学を構築してきたのであるが、この皇国史観の「バイブル」になったのが、この『神皇正統記』であったということから、戦後はこの書物をとかく敬遠しがちであったことは否めない。皇国史観が非科学的歴史学であったことから、『神皇正統記』も「観念的・主観的」な書籍と断じ、「史料」として活用することに躊躇するという側面がなかったわけではない。

『神皇正統記』に対する主観的な「思い」をすべて排除して、客観的にみたならば、史料批判の常道に従って当事者が書いた『神皇正統記』の記述の方がより事実に近いのではないかとおもう。その理由は、同書に書かれている内容がきわめて具体的でリアルであること、北畠家のような上流の公家が、地方官に補任《ぶにん》されて「けがれた地」ともみられていた奥羽に下向するということは、後醍醐の強い要請がなければ考えられないこと、そして顕家を陸奥守に任じたのが、新政権が成立した二ヵ月後であったということは、北畠顕家を陸奥に足利氏を関東に下すという構想について、後醍醐が権力を掌握した直後から練っていたプランであったものとみられることなどが考えられ、このことから『神皇正統記』の記述に信を置きたい。また、護良の行動を批判するような「陸奥国検断事書《むつのくにけんだんことがき》」（結城家蔵文書）も存在しており、この史料からも護良と親房が手を組んだとは考えられない。

後醍醐は顕家を陸奥守に任ずると、すぐさま白河の結城宗広《ゆうきむねひろ》に顕家の奥羽下向を知らせる事書を遣わした。その文面は次のようなものである。

当国守源宰相中将（北畠顕家）赴任すべきなり、毎事合体《まいじがったい》の志を存じ、無弐の忠を致すべし、宮（義良親王）御下向等の事、国司の下知《げち》に随い緩怠《かんたい》あるべからず、およそ今度の合戦の時、親光《ちかみつ》（結城）京都において、最前御方に参じ、道忠（結城宗広）一族また東国において、忠を致すの由、聞食《きこしめす》の間、感じ思食《おぼしめす》ところなり、向後《きょうこう》いよいよ忠節を専らにすべし、その身遠方といえども、奉公さらに近習に相替るべからず、兼ねてまた諸郡を奉行する事、日来《ひごろ》の沙汰に違うべからず、毎事国司の命に応じ、無私その沙汰を致すべきの由、別して仰せ含むべし、（後欠）

（結城錦一氏所蔵結城家文書）

結城宗広に北畠顕家が陸奥守として、義良親王とともに陸奥に下向することを伝え、さらなる忠節を求めたものである。この事書が宗広に発せられたのは、いつかといえば、八月十八日に、後醍醐は顕家宛てに「結城上野入道々忠に仰せ含めらるべき事、々書一通遣わさるるの由、仰せ下され候なり」（結城錦一氏所蔵結城家文書）との綸旨《りんじ》を発していることより、この前後の日であったことは疑いない。八月は建武政権をみるうえで注目すべき月であり、新政権の骨格的政策が打ち出された月である。ことに地方の権力機構の整備は急を要していた。すなわち、前月の末に宣旨《せんじ》（七月宣旨と呼ばれている）を発して、地方の国衙《こくが》に大幅な権限を委譲したことにより、地方の国衙・国司制度の体制立て直しがはかられた。その一環として顕家の陸奥守が発令されたのである。

だが顕家を奥州に下したのは、それだけの理由ではなかった。鎌倉時代において、奥羽地域は得宗や北条氏の植民地的状況であったので、その北条色を払拭《ふっしょく》して強力な地方支配を行うために「奥州小幕府」を設置したとされているのが通説である。

北条氏が奥羽を重視したのは、この地が日本国家の周縁地（ことに北奥）であったことが理由であった。蝦夷管領《えぞかんれい》（あるいは蝦夷管領代官職）として安藤氏を派遣して、北方に開かれたこの地を支配したという。しかし鎌倉末期にこの職をめぐって安藤氏内部で争いが起こり、さらには鎌倉幕府への叛乱となっていったことはよく知られていることである。新政権が成立しても北条氏の一族が逃げ下り、残党がうごめいて反新政権の拠点となっていた。このような情況に対応するために顕家を派遣したものと考えられる。

関東一〇ヵ国の管轄

一方、元弘三年（一三三三）末に足利直義が関東に下向してくるのであるが、直義の関東への派遣も後醍醐が積極的に推進したものとおもわれる。通説では護良・親房が尊氏勢力に対抗するために「奥州小幕府」構想を推進したことより、尊氏がこの構想を逆手にとって「関東を完全に掌握するために」弟の直義を鎌倉に下し「鎌倉小幕府」（鎌倉将軍府）を樹立したとされている。

直義の関東下向の前提になっているのは、元弘三年八月五日の尊氏の武蔵守補任《ぶにん》であった。この補任は北畠顕家の陸奥守補任と同じ日であった。顕家の陸奥守補任が顕家を陸奥に下す伏線であったことと同様に、尊氏の武蔵守補任は彼を関東へ派遣する思惑であったといえる。しかしその後、尊氏に代わって直義が相模守となり関東に下向したのである。この構想も後醍醐が旧幕府勢力に対抗するために強力に推し進めた政策であった。この後、足利一族は東国に強大な勢力を構築するのである。

鎌倉将軍府の権限を示すものとしては次の史料が有名である。

決断所《けつだんしょ》に於いて沙汰あるべき条々

一　所《しょ》務《む》濫妨《らんぼう》の事

一　領家地頭の所務相論《そうろん》ならびに年貢難済以下の事

一　下職以下の開発余流ならびに代々の上裁を帯びて欝訴《うつそ》の事

自余は本所の成敗たるべし。

一　本領安堵の事　当所ならびに記録所、訴人の心に任すべし

一　諸国国司・守護注進の事

関東十ケ国成敗の事
一　所務の相論ならびに年貢以下の沙汰、一向に成敗あるべき事
一　所領ならびに遺跡の相論、異なる重事《じゅうじ》は訴陳《そちん》を執《と》り整へて注進なすべき事
一　訴論人、あるひは在京しあるひは在国せば、訴人の在所に就きて沙汰あるべき事
已上《いじょう》、決断所に押さるるなり。（『建武年間記』）

この「条々」は建武元年（一三三四）の初めころに雑訴決断所《ざっそけつだんしょ》の壁に貼り付けられたものである。この条文の前半の五ヵ条は雑訴決断所の権限を示すものであるが、最後の三ヵ条は鎌倉将軍府の所領関係などの裁判権限を示すものである。関東一〇ヵ国とは相模・武蔵・安房・上総・下総・常陸・上野・下野・甲斐・伊豆の諸国である。雑訴決断所に上訴することができるとはいえ、東国に関わる裁判権が直義の管轄下にあり、広域行政府＝小幕府として位置づけられていたことが知られる。

鎌倉将軍府に与えられていたのは行政権だけではなかった。後醍醐の意図したところは、軍事指揮権・検断権をもって東国を安定させることこそが主要な任務であったといえる。そのための軍事・検断組織が「関東廂番《ひさしばん》」と呼ばれているものである。

廂《ひさし》結番《けちばん》を定む事、次第不同

一番
刑部太（大）輔義季（渋川）　長井大膳大夫広秀
左京亮　仁木四郎義長
武田孫五郎時風　河越次郎高重
丹後次郎時景（二階堂）
二番
兵部大輔経家（岩松）　蔵人憲顕（上杉）
出羽権守重信（藤原）　若狭判官時明（三浦）
丹後三郎左衛門尉盛高（二階堂）　三河四郎左衛門尉行冬（二階堂）
三番
宮内大輔貞家（吉良）　長井甲斐前司泰広
那波左近大夫将監政家　讃岐権守長義
山城左衛門大夫高貞（二階堂）　前隼人正致顕（中原）
相馬小次郎高胤
四番　（略）

五番　（略）
六番　（略）
右、結番の次第を守り、懈怠《けたい》なく勤仕せしむべきの状、仰せにより定《さだむる》ところ件《くだん》のごとし、
元弘四年―　（『建武年間記』）

ここにみられる顔ぶれは、渋川・上杉・仁木・吉良・高《こう》（六番にみえている）氏らの足利一族や直系武士層、武田・河越《かわごえ》・岩松・相馬《そうま》氏らの東国の有力武士層、二階堂・中原氏らの旧政権の吏僚《りりょう》であった武士層、また藤原重信のように京下りと考えられるような者も構成員であった。

後に足利幕府の行政面の中核となる直義のこのときの活動については、中先代《なかせんだい》の乱の折に、鎌倉に流されていた護良親王を殺害したことにより、戦前の歴史学者の間ではあまり評判がよくなかった。しかし、後に行政の責任者として大活躍する彼は、鎌倉に下向する以前から十分に東国支配の構想を練っていたに違いなく、彼が鎌倉に着くとすぐさま雑訴決断所に鎌倉将軍府の権限が貼られ、また「廂番」なる組織がつくられたのである。彼の構想は、足利系の武士と東国の有力武士層、二階堂らの旧政権の吏僚層をうまく組み合わ

せ、人材を活用して東国を支配するところにあった。

確かに鎌倉将軍府は権限も確定しているし、「廂番」のような軍事組織もつくった。しかしこれのみであったのであろうか。行政組織に関わる史料が欠けている。「廂番」が行政組織であったとも考えられる。「廂番」が引付等の機関を兼ねていたとの指摘も存在している。この点に関して渡辺世祐氏は「直義は鎌倉にありて建武式目に規定せる条項に基き関東十ケ国の政務を執らんとし、先ず政所《まんどころ》の執事以下諸職を任命し（二階堂系図・上杉文書）、云々」と断じている。行政組織の実態は不明ながら、それが存在したことは疑いないところである。ただ、関東は陸奥と異なって各国に守護・国司等が存在していたので行政組織の実態はかなり異なっていたものと考えられる。

奥州小幕府

陸奥《むつ》に下向《げこう》した北畠顕家《きたばたけあきいえ》はどのような支配組織を構築したのであろうか。『建武年間記』が詳細に記している。

陸奥国衙と奥州式評定衆

奥州

式評定衆

冷泉源少将家房　式部少輔英房（藤原）

内蔵権頭入道元覚　結城上野入道（宗広）

信濃入道行珍（二階堂行朝）　三河前司親脩（結城親朝）

山城左衛門大夫顕行（二階堂）　伊達左近蔵人行朝

引付

一番

信濃入道　長井左衛門大夫貞宗

近江次郎左衛門入道　安威左衛門入道

合奉行 五大院兵衛太郎　安威弥太郎

椙原七郎入道

二番

三河前司　常陸前司

伊賀左衛門二郎（貞長）　薩摩掃部大夫入道

肥前法橋　丹後四郎

合 豊前孫五郎

三番

山城左衛門大夫　伊達左近蔵人

武石二郎左衛門尉（胤顕）　安威左衛門尉

下山修理亮　飯尾次郎

合
　斎藤五郎
諸奉行
　政所執事　　　　　　　　　山城左衛門大夫
　評定奉行　　　　　　　　　信濃入道
　寺社奉行　　　　　　　　　安威左衛門入道
　　　　　　　　　　　　　　薩摩掃部大夫入道
　安堵奉行　　　　　　　　　肥前法橋
　　　　　　　　　　　　　　飯尾左衛門二郎
　侍所　　　　　　　　　　　薩摩行部左衛門入道
　　　　　　　　　　　　子息五郎左衛門尉親宗をもってこれを勤む。

（『建武年間記』）

国府の最高首脳として八人の式評定衆《しきのひょうじょうしゅう》を設け、七名編成の引付《ひきつけ》を三番設置し、政所《まんどころ》を置き、諸奉行として評定《ひょうじょう》・寺社《じしゃ》・安堵《あんど》奉行を組織し、武士統括の侍所《さむらいどころ》も置かれた。

この機構を構成している人々をみると、顕家とともに京都から下ってきた下級公家が最高首脳の式評定衆の中に存在しているが、首脳部は主として奥羽の諸氏がつとめている。

結城宗広《むねひろ》一族、伊達行朝《ゆきとも》、武石顕胤《たけいしあきたね》、岩手の下山修理亮《しゅりのすけ》、浜通りの伊賀一族、二階堂一族、長井一族らがその主要なメンバーであった。そして特徴的なことは、鎌倉幕府の吏僚であったような武士が多く登用されていることである。ただ、相馬・蘆名《あしな》・石川・田村・伊東・岩城・岩崎氏らが、国府首脳に含まれていなかった。この理由はいろいろあるだろうが、足利直義《ただよし》を中心とする鎌倉将軍府との関係からではないかとの説も存在している。

この陸奥国府の体制は従来の公家による国衙《こくが》機構を通しての支配体制と大きく異なっている。陸奥国府の権力機構や、それを担っているメンバーからして、支配機構は旧幕府の権力機構を完璧《かんぺき》に模倣したものであるといえる。奥州小幕府体制といわれるゆえんである。このような構想はだれによってなされたのであろうか。陸奥国府の主は陸奥守北畠顕家であったことはいうまでもない。顕家はこのときに弱冠十六歳で、才能豊かな公家であったとおもわれるが、しかし彼がこのような小幕府構想を打ち上げたとも考えられない。やや経験が不足していたものと考えられる。

北畠親房と陸奥国府

陸奥国衙《むつこくが》体制は後醍醐《ごだいご》天皇と顕家の父親である北畠親房《ちかふさ》との合作であることは疑いない。通説では親房と護良《もりよし》親王が仕組んで、逡巡《しゅんじゅん》する後醍醐を説き伏せて、関東の尊氏《たかうじ》勢力に対抗するために陸奥に顕家を派遣したとされている。しかし本書では親房と護良の「共同謀議」説をとらないこと、そして後醍醐の主導によって顕家を「特別国司」（吉井功児氏は顕家や直義をこのように呼んでいる）として陸奥に下したことはすでに述べた。親房が深く陸奥国府に関わっていたことは疑問の余地がない。彼は顕家とともに陸奥国府にいたり、国衙行政の裏の立て役者であったことはよく知られている。

親房については後でも述べるのでここでは深く立ち入らないが、鎌倉末期において、後醍醐天皇の信任が厚く破格の出世をしたことが知られており、そして、元徳二年（一三三〇）に養育していた世良《ときよし》親王の死をきっかけに、三十八歳で出家したという。その後建武《けんむ》政権が成立するまで史料上には一切登場してこず、隠棲していたのではないかといわれている。新政権が成立すると出家の身でありながら突然奥羽に顕家とともに下向するのである。何故であろうか。「幼い子供の顕家が心配だから」というような現代風の解釈は疑問である。彼はなんらかの政治的意図を持っていたものと考えられる。親房は建武政権のような天皇中心の親政政治にはきわめて批判的であったことは周知の事実である。奥羽に下向した理由もこの辺に存在しそうである。

後醍醐が陸奥国府体制の構築を意図したところは、中国宋《そう》の総領制度を模倣した制度をつくり、旧与党の残党や異民族に対峙《たいじ》するところにあった。だが親房は後醍醐のこのような構想を逆手にとった。奥羽に下って自らの政治理念を実現させようとしたのである。親房の政治理念とは何かが問題である。親房は一般的には「正平《しょうへい》一統」期の彼の行動をもって、公家中心のきわめて観念的な人物と思われている。だが佐藤進一氏は、「親房の政治思想は後醍醐のそれに比べて、はるかに旧来の体制に協調的であった。かれの政治思想の全貌を語る『神皇正統記《じんのうしょうとうき》』には摂関政治も幕府も全面的に否定されていない。ただ、幕府が王朝に干渉し、王朝の統治権を奪うことを不可としているだけである」(『南北朝動乱』)と論じている。本書もこの佐藤氏の見解に従うものである。

『神皇正統記』を読んだものはだれでも親房が鎌倉幕府を否定していないことを知ることができる。というより、むしろ頼朝や北条泰時《やすとき》などを高く評価して、鎌倉末期の政治はともかく、幕府政治を積極的に肯定しているのであり、彼は鎌倉時代の体制の擁護者であったといえる。その点からいけば守旧派ということができる。親房は武士を「商人の所存」と呼んで毛嫌いしたようにみなされているが、それは動乱期における武士層の行動についての批判であり、鎌倉期の武士については動乱期の武士と比較して高く評価し、美化しているといってもいいであろう。この点が後醍醐と決定的に異なる点であった。であるから親房は後醍醐が企てた討幕行動には一切荷担《かたん》しなかったのである。

顕家の陸奥下向をいったんは固辞したものの、後醍醐の強い要請によって奥州に派遣されることとなった顕家に従って親房自身も奥羽に下向する意思を固めたのであるが、彼が奥羽に下るにはひそかな決意があったとおもわれる。すなわち、鎌倉幕府体制を否定しない彼の政治理念からして、後醍醐の要望を受けた親房は奥羽の武士層を結集した「鎌倉幕府」型の支配体制を構築し、奥羽を安定させ、新政権の後ろ盾となるところに彼の意図があったものとおもわれる。彼の構想によって実現したのが、『建武年間記《けんむねんかんき》』にみられる陸奥国府体制＝奥州小幕府体制であった。この体制は王朝国家の国衙体制とは大きく異なっており、将軍義良《のりよし》親王、北畠顕家が執権《しっけん》に比定され、また親房は「得宗《とくそう》」に擬せられるような、旧幕府体制に近い制度であったということもできる。「小幕府」の実権は親房が握り、彼は顕家の黒子であったと指摘することもできる。

さて陸奥国衙による地方支配はどのようなものであったのであろうか。その支配は郡を中心とするものであった。

郡検断奉行

（北畠顕家）
（花押）

行方郡《なめかたぐん》の事、奉行せしむべき条々、事書《ことがき》に載せこれを遣わさる。その意を得申し沙汰

せらるべし、てえれば国宣《こくせん》かくのごとし、よって執達件《しったつくだん》のごとし、

建武二年六月三日　右近将監清高奉

相馬孫五郎（重胤）殿

（相馬文書）

（北畠顕家）
（花押）

伊具《いぐ》・曰《わた》（亘）理《り》・宇多《うだ》・行方等郡、金原保検断の事、事書これを遣わす、早く武石上総権介胤顕相共、彼の状を守り、沙汰致すべし、てえれば国宣かくのごとし、よって執達件のごとし、

建武二年六月三日　右近将監清高奉

相馬孫五郎（重胤）殿

（相馬文書）

二つの史料ともに国司顕家が中通りの国人である相馬重胤《そうましげたね》に発した国宣《こくぜん》である。前者の国宣は行方郡奉行に関わるものであり、後者は行方郡等の検断沙汰《けんだんさた》の国宣である。国府から命じられたこのような「奉行」・「検断」に関わる相馬氏のような立場の者は、現地では「国御使《くにのおんつかい》」・「国代《こくだい》」と呼ばれており、郡単位で政務や検断を行っていたのである。彼らは郡検断《ぐんけんだん》奉行《ぶぎょう》と呼ばれている。

郡単位の行政機構は鎌倉時代から「郡政所《ぐんまんどころ》」「郡奉行所《ぐんぶぎょうしょ》」などと呼ばれて存在していたことが知られているが、新政権はそれを引き継ごうとしたのである。しかし、このような奉行層は多く現地の国人から登用されたのであるが、一部は国府から派遣された者も存在していた。彼らの権限の中心となっていたものは非違《ひい》検断と使節遵《じゅんぎょうけん》行権であったが、この権限を梃子《てこ》としてしだいに領域支配を強化していった。なお、郡検断奉行については後でもふれる。

陸奥国府体制は国府多賀城《たがじょう》に国司を中心とする整備された官僚機構が存在し、地方には鎌倉時代の守護に擬せられるような郡検断奉行が配置されて、あたかも小幕府のような支配機構が整備されたのである。このような構想を描いたのは北畠親房以外にはいない。親房の政治思想や支配構想についてはこの後に論ずる。

建武政権の崩壊

関東と奥羽は広域行政機構のもとで、緊迫感はもちながらも、安定化するかと思われたが、この状況を一変させたのは旧政権の残党の蜂起であった。中先代《なかせんだい》の乱と呼ばれる反乱が起こったのは建武二年（一三三五）七月のことであった。この乱は以後、日本が未曾有《みぞう》の動乱にいたる引き金になったのである。東国の小幕府を陥落させたのは最後の得宗高時《とくそうたかとき》の遺児北条時行《ときゆき》であった。新政権の成立以後、日本の周辺地域から起こっていた小反乱はしだいに中央に迫り、六月には、洛中で鎌倉幕府と密接な関係があった西園寺公宗《さいおんじきんむね》の陰謀が発覚していた。

鎌倉幕府の滅亡後、信濃国諏訪で得宗被官諏訪氏にかくまわれていた時行は、諏訪から佐久《さく》に出て、碓氷《うすい》峠を越えて関東に進出し、鎌倉を目指して一直線に進軍してきた。各地で直義軍を破り、とうとう直義は鎌倉を支えきれずに西走した。足利氏の本拠地三河まで逃げてそこにとどまり、京都からの援軍を待つとともに、成良《なりよし》親王を京都に送り返したのである。

一方、京都の方も混乱した。鎌倉陥落の報は七月末には後醍醐や尊氏のもとに届いた。旧幕府に属する者の叛乱により、旧幕府所在地であった鎌倉が占拠されたということで両者ともに大きな衝撃を受けた。叛乱鎮圧のために足利尊氏を総大将とした軍勢を関東に差し向けることはすぐに決定された。だが問題となったのは総大将尊氏の資格であった。このころに書かれた歴史書によって記述が異なっている。

尊氏が征夷大将軍・諸国惣追捕使《そうついぶし》や関東八ヵ国管領《かんれい》などを望んだといわれ、それを後醍醐が許可したのか、しなかったのか史書によって異なっている。明らかなことは征夷大将軍に任命されなかったことである。どのような資格で東下していったか不明であるが、八月二日に尊氏は軍勢を率いて京都を出発し、三河で直義に迎えられ、八月十九日には時行を追い、再度鎌倉を占拠した。

尊氏が関東を平定すると、尊氏は上洛しなかった。そのため後醍醐は使者を送って帰還を命じたのであるが、その命令に従わず、直義とともに新政権樹立のための準備を始めたという。尊氏の心中については計り知れないものもあるが、客観的にみたならば建武政権に対する叛乱を企てていたということができる。京都と鎌倉との間に強い緊張感がただよい、何度かの接触があったものとみられるが、しだいに両者の間は抜き差しならない対立感情が生まれていき、十一月になると決定的となった。二日に鎌倉にいる直義名で各地の武将に対して新田義貞《につたよしさだ》討伐のための軍勢催促状《ぐんぜいさいそくじよう》が発せられると、十二日に奥羽の北畠顕家を鎮守府将軍に任じて鎌倉の動きに対応する。そして十九日に尊良《たかよし》親王を大将とした新田義貞を中心とする軍勢が関東に進軍し始めた。三河で防衛線を敷いていた足利軍を破り、破竹の勢いで鎌倉を目指した。鎌倉に迫る京都派遣軍に対して尊氏軍は箱根に防衛網を築き、新田義貞軍を撃破した。敗走する新田軍を追って足利軍も畿内になだれ込んでいった。いよいよ国家権力の掌握をめぐっての激しい抗争が始まったのである。

東国の覇権をめぐって

鎌倉府攻勢へ

建武政権に叛旗をひるがえし、足利尊氏《あしかがたかうじ》・直義《ただよし》らは上洛していったが、その後に東国の主として鎌倉に残されたのは、尊氏の三男義詮《よしあきら》であった。だが、実質上の中心となったのは、斯波家長《しばいえなが》であった。

陸奥守兼奥州大将軍斯波家長

後醍醐《ごだいご》軍との戦いに勝利するために尊氏は奥羽に素早く手を打った。斯波家長を建武二年（一三三五）八月末ごろに陸奥守《むつのかみ》兼奥州大将軍に任じたのである。尊氏らが畿内《きない》へ攻め込んだのちにその背後をつかれないために彼を東国に留め置いたのである。たとえ奥羽の大軍が上洛しようとしても、奥羽において北畠顕家《きたばたけあきいえ》らを牽制し、さらに鎌倉近辺に防衛線を敷き、奥羽軍を食い止めるか、さもなくば疲弊させようとしたのである。しかし、現実には、尊氏の目論見は果たされず、上洛した奥羽軍に尊氏軍は九州へ追い落とされてしまったのであるが、尊氏にとって奥羽の地はきわめて警戒すべき地域であった。

足利氏関係略系図

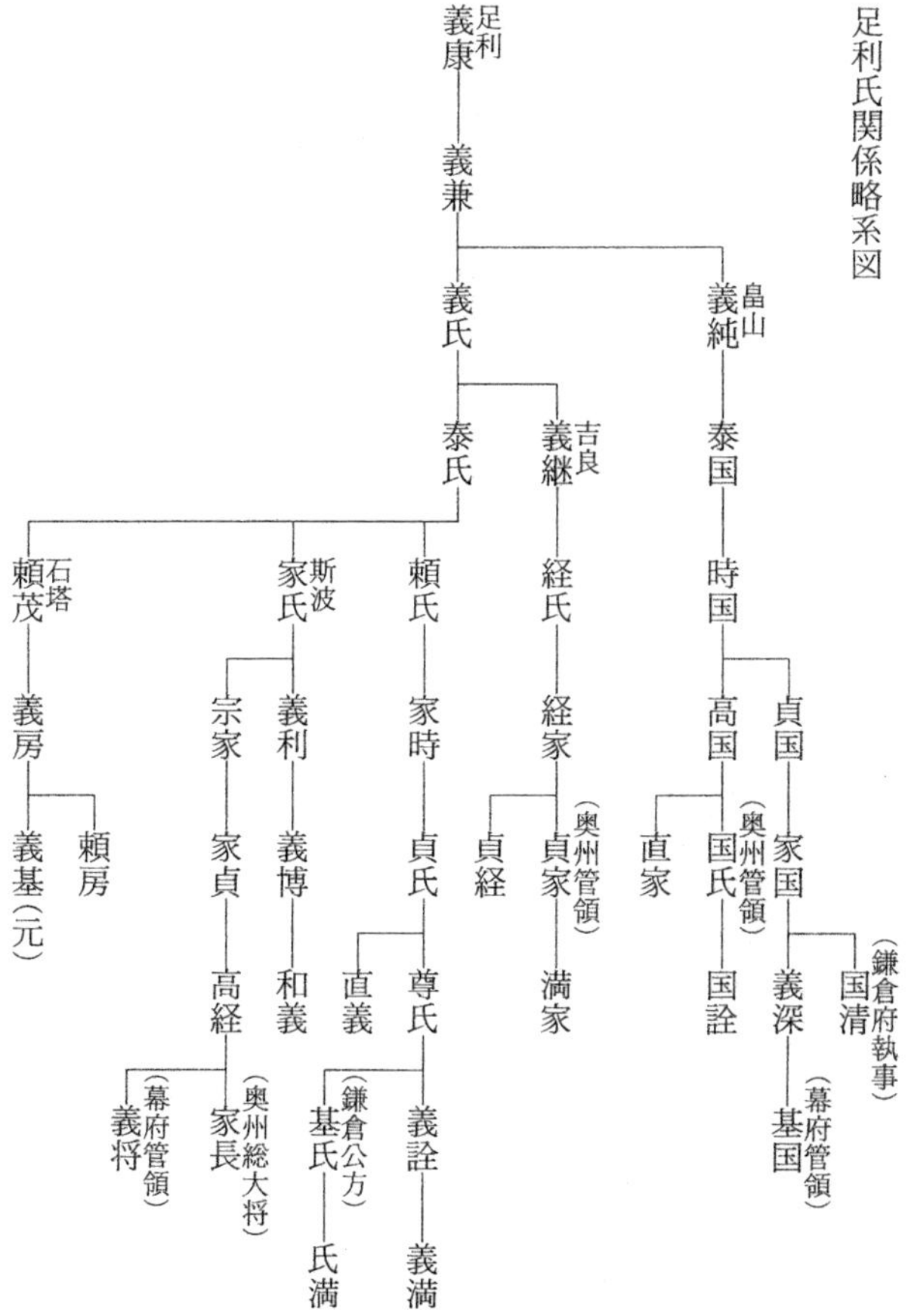

斯波家長は足利一門であり、それももっとも家格が高く、本宗家《ほんそうけ》と同格とされる名門であり、尊氏の信頼も厚い武将であった。すでに建武元年（一三三四）に奥羽に下向《げこう》しており、陸奥国府体制のもとで、津軽外が浜の検断奉行《けんだんぶぎょう》に任じられていたともいわれている。外が浜は足利氏の奥羽の拠点の一つであった。彼は足利氏の中でも数少ない奥羽の情勢に通じている一人であった。それゆえ、尊氏は家長を陸奥の新国司、奥羽の最高軍事指揮官としたのである。

畿内の後醍醐軍の苦戦を知って、建武二年十二月、鎮守府将軍北畠顕家は奥羽の大軍を率いて西上し始めた。奥羽の名だたる武将の多くが従った。この顕家軍を背後から脅かしたのが斯波家長が率いる足利軍であった。顕家軍は鎌倉に残留する足利方を蹴散らして、夜を日についで上洛していったのであるが、家長軍は鎌倉に踏みとどまり、東国に腰をすえて、東国を足利の後ろ盾にしようとし、足利義詮を擁立して東国・奥羽経営にあたり始めた。ここから鎌倉府が始まるのである。斯波家長は初代の鎌倉府執事《しつじ》とされている。

家長は建武二年十二月から同四年（一三三七）十二月まで東国を中心に軍事・政治活動を行っている。この間に家長によって発給された文書を整理すると、その権限はかなり幅広いものがある。動乱の最中であり、また、いわゆる鎌倉府という政治組織も確立していなかったことによろう。その権限はもちろん軍事指揮権が中心であるが、検断権や所領預置《あずけおき》、さらには所領寄進、所領安堵《あんど》の推挙などの統治権にも関わっている。さらに、陸奥守として奥州に関与しただけでなく、常陸・相模・下総・甲斐などの関東にも権限を及ぼしており、このことからして、初代の鎌倉府執事とみなされているのである。

このような職権から、後の鎌倉府が行ったようにこの地域を完全掌握し、中央の介入を許さなかったかといえば必ずしもそうではない。軍事指揮権は尊氏や直義も持っていて、しばしば命令を発しており、また東国の各国守護に対しても統治に関して、中央から直接に命令がきていたりする。

家長自身も次のような御教書《みぎようしよ》を発している。

常陸国中郡庄の事、度々の軍忠他に異なる上、城郭を構え忠節致すの間、将軍家より仰せ下さるるの程、預け置かるる所なり、よって所務いたさるべきの状、仰せによって執達件《しつたつくだん》のごとし、

建武三年十月廿八日　　　　　　源（斯波家長）（花押）

小山大後家殿　　　　　　　　　（蠹簡集残編）

この所領の預け置きに関わる御教書は将軍家（足利尊氏）の「仰《おおせ》」によって発給してい

るのである。「鎌倉将軍府」、すなわち鎌倉府の主たる義詮の命を奉じたという形態をとっていないのである。鎌倉府が完全には確立していなかったことを示している。家長が尊氏の命を奉じているということは、家長は尊氏の東国における執事たる地位であることを示しているのである。奥州大将軍に関東（東国）大将軍を兼ねた地位にあり、東国・奥羽の最高の軍事指揮権とそれにともなう政務の権限を握っていたといえよう。しかし、「将軍家の仰」がある御教書は建武三年限りで姿を消し、建武四年にいたると「将軍家」という語がみえない御教書に変化していく。この変化の意味は断定的にはいえないが、しだいに政治組織としての鎌倉府が整備されていき、義詮の命を奉ずるようになっていったとも考えられる。

東国にはいまだ制度や組織、権限の範囲、指揮命令系統がすっきりと確立した機関が存在していたわけではなかったことは事実であり、動乱の最中であることから、鎌倉府は政治・行政組織として確立はしていなかった。だが、鎌倉に足利方の支配組織・権力機構が確立し始めていたことも確かなことである。建武三年段階のことであるが、「制札方」「寺社方」と呼ばれるような訴訟機関が存在していたことが知られており、斯波家長もその裁判制度に関与していた。さらに奉行人の存在も指摘されている。このころは南北朝動乱に突入した直後のことであり、足利幕府そのものの確立もまだおぼつかないような状況であったことから、東国の統治機関の整備にいたらないのは、当然といえば当然のことであったが、鎌倉府という支配制度が建武政権下の東国の支配機関である鎌倉将軍府の後を受け継ぎ、支配組織としての歩みを始めていたことは疑いもないことである。また、斯波家長が着実に東国を掌握し始めたことも事実であり、もう一人高重茂《こうのしげもち》という武将も奉書を発し始めている。鎌倉将軍府（鎌倉府）が形成され始め、斯波家長らが「関東将軍家」の執事として実質上の活動を開始していたであろうことは疑問の余地がないところである。

霊山の北畠顕家

ところで北畠顕家は尊氏・直義を九州に追い落とすと、建武三年三月下旬に春の深まりゆく都を離れて、奥羽への帰途についた。しかし、東国から奥羽の情勢はしだいに変化し始めていた。鎌倉で顕家の帰国を待ち構えていた家長が、東国各地で顕家軍を破り、顕家の帰途を妨害したので、奥羽軍はほうほうの体で故郷の地を踏んだのである。多賀城に帰還すると、休むまもなく奥州の足利軍の掃討《そうとう》作戦を展開し始める。この作戦はある程度成功して、一時奥羽では南朝方が優勢のごとくみえたが、十二月には再び逆転する。南朝の北関東の拠点である常陸国瓜連《うりづら》城が落ちてしまったのである。

霊　　山

瓜連城は足利方の佐竹氏らに攻められて陥落したが、これを機に顕家の勢力圏にあった常陸・下野《しもつけ》が彼の下から離れ、さらに多賀城に大きな影響を与える近辺の有力国人《こくじん》である留守《るす》氏内部でも南北両派に分裂した。このような状況をみた顕家は多賀国府を捨てて、伊《だ》達《て》郡の霊山《りょうぜん》に本拠を移すことにした。瓜連城が落ちた一ヵ月後の建武四年（一三三七）正月のことであった。

霊山は遥か彼方からもその峨々《がが》とした山嶺がのぞまれ、現在は紅葉の名所であり、麓でわき出る湧水のうまさで知られている。山麓から峻険な山道を上り詰めて国司沢にいたれば、数百仞《じん》の絶壁が眼前に迫り、その人を寄せつけないような迫力たるや見事というほかない光景である。絶壁の中腹にへばりついたように残されている護摩壇にいたれば、遥か下方の絶壁の麓から烈風が吹き上がり、いまにも足下をすくわれんとするほどである。ここで「叛逆者」足利尊氏を討滅するために護摩をたき、天に祈った顕家の姿がしのばれるのである。現在は山頂のすぐ下に国司館跡があり、わずかな礎石を残しているのみで、彼の生活の跡はあまりしのぶことができない。平安時代に慈覚大師《じかくだいし》によって開かれたと伝えられている霊山寺《りょうぜんじ》が本来の姿であり、海抜八〇五メートルの山頂の物見の岩に立つと、東は南朝勢力の支配下にある宇多荘《うだのしょう》や行方郡《なめかたぐん》、さらには太平洋をのぞみ、北西には伊達氏が支配する信達《しんたつ》地域を見渡すことができる。霊山は味方勢力の中心地にある天険の要害であっただけでなく、宇多荘の松川浦（相馬市）に近いことにより、伊勢との間を海運で結ぶことができて、交通上もきわめて便利な要衝の地であったといえる。

だが、霊山に移っても戦況は好転しなかった。ひたひたと足利方の軍勢が迫っていた。『太平記』は霊山の顕家について、「顕家卿ニ付随フ郎従、皆落失テ勢微々ニ成シカバ、ワヅカニ伊達郡霊山ノ城一ヲ守テ、有ル無ガ如ニテゾヲハシケル」と述べているのである。『太平記』が記しているような状況であったかどうかは疑問であるが、日に日に情勢が悪化していたであろうことは疑いないが、なんとか持ちこたえていた。しかし、畿内《きない》の情勢は緊迫化していた。

吉野に脱出した後醍醐《ごだいご》はもう一度奥羽の大軍を畿内に呼び寄せて、一挙に京都を突き、再度王権を奪還しようと構想した。越前の新田義貞軍と奥羽軍に加えて、畿内の南朝勢力を糾合《きゅうごう》して洛中を包囲すれば王権の奪還は可能だと判断したのである。奥羽軍の上洛は後醍醐が京都を占拠するための切り札であったといえる。矢継ぎ早の西上命令が顕家のもとに届けられ、顕家も決意せざるをえない事態となっていった。

若御前鎌倉へ

二つの書状

後醍醐《ごだいご》の強硬な要請により、北畠顕家《きたばたけあきいえ》は奥羽の自らの立場が脅かされているにもかかわらず、八月十一日に奥州の軍勢とともに霊山《りょうぜん》を立った。この軍には北奥羽糠部《ぬかのぶ》郡の南部《なんぶ》氏や津軽郡の工藤氏らも一族とともに従い、その軍勢は『太平記』によれば一〇万の大軍に達したという。しかし関東で待ち構える斯波家長《しばいえなが》を将とする足利軍の抵抗も強固であり、出発してから四ヵ月半かかってこの年の末にようやく鎌倉を占拠したのである。あけて正月二日に鎌倉から上洛していった。しかし、顕家は二度と奥羽の地に戻ることはなかった。五月に和泉堺浦で大敗し、戦死してしまうのである。奥羽軍の進軍で足利軍も失ったものは大きかった。鎌倉の守将斯波家長が激戦のなかで戦死してしまったのである。鎌倉にいた足利義詮《よしあきら》は三浦半島に逃れ、そこに半年以上も潜んでいなければならなかった。東国の足利軍は蹴散らされて守将が戦死したことにより、斯波家長に代わって足利軍の司令塔になる武将がどうしても必要となった。その役割を担ったのが上杉憲顕《のりあき》と高重茂《こうのしげもち》の二人であった。

足利尊氏《たかうじ》は中先代《なかせんだい》の乱を鎮定した後、新田義貞《にったよしさだ》の分国であった上野《こうずけ》に守護として、自分のもっとも信頼できる伯父（母清子の兄）の憲房《のりふさ》を任命した。しかし、憲房は建武三年（一三三六）正月に戦死したので、子の憲顕が上野守護に任じられていた。また高重茂は高師直《こうのもろなお》の弟であり、建武四年四月ごろには武蔵国守護としての活動がみられ、高師冬《もろふゆ》が鎌倉に下向して来るまでは武蔵守護であったと推定されている。斯波家長戦死後の東国を任せられるのはこの二人しかいなかった。

奥羽軍に追われて三浦半島に逼塞《ひっそく》していた義詮は七月ごろに鎌倉に帰還してきた。そして憲顕、重茂らとともに鎌倉府の再興をはかるのである。その再興に関わる文書と推定されている、次のような二通の古文書が注目されている。少し長いが全文をあげておこう。

一　〈『新潟県史資料編3』二五六号文書〉

A　山主のぼられて候ほどに、かまくらの事こまかにきゝ候て、三条殿へ申て候ほどに、よを日につぎてさたし候て、さだめくだすべきよし御返事候、めてたく候、山主のゆへにさたもいそがれ候へバ、よくぞくだられて候けると、めでたくよろこび入て候、又いほうの事もさうゐなくさた候ハんずるよし、三条殿へ御へんじ候へバ、めでたくおぼえて候、又山主してまいらせ候し文の返事も、

B　下候ハ□ずるにて候、先この国々の□をさたあるべく候、いま一日もとく申たく候て、この程ハ八幡の事も伊豆守・武蔵守なども候ハで、か様のさたも候ハねども、人のなげきにて候、この文にてさた候ハん事、後の難あるまじく候よし、民部大輔に御つ□へ候べく候、あなかしく、

□月十一日

二　〈『新潟県史資料編3』一二九八号文書〉

C　若御前鎌倉へ御出候らん、目出たく候、民部大輔もとへの事書《ことがき》ニ、近国とばかり候て、国々の名候ハざりし、ふしん候らん、まことニことはりにて候、伊豆・さがミ・かづさ・下うさ・上野・下野・安房・ひたちなどにてこそ候ハんずらめ、委細の事書をバ、追て

D　はからひ申され候ハずとも、さた候てよく候ぬべく候ハん事をバ、たゞはからひさ

たあるべく候、それへ下され候し事も、たゞそのためにてこそ候しか、かまえてあまりにしんしやくあるまじく候よし、御つたえ候へ、やがてこの文を見せさせ給候べく候、あなかしく、

六月廿日

この二通の文書は上杉家に伝えられた上杉文書《うえすぎもんじょ》の中のものである。この二通の文書を『新潟県史』にしたがってA・B・C・Dと区分したのは、この文書には錯簡《さっかん》があるとみなされており、それを検討するために便宜的にこのように区分したものである。そして注意しておかなければならないのはAとCが本紙であり、BとDが礼紙《らいし》であるということである。すなわち、本紙に書ききれずに、礼紙にも書く、礼紙書きを行っている文書であることである。であるから錯簡が起こりやすい文書であるといえる。

『大日本古文書　上杉家文書之一』では一の文書を錯簡がないものとみなして、連続して書き連ねており、一文書を足利直義《ただよし》自筆書状とし、それが発せられたのは建武五年七月十一日とし、二文書も同じく足利直義の自筆書状とみなしているが、年は詳らかにしていない。なお二文書の発せられた年については、「若御前」を足利基氏《もとうじ》とみなして、基氏が鎌倉に下向《げこう》してきた貞和五年（一三四九）九月直後のものではないかとの説があった。

この二つの文書の様態に異議をとなえたのは『新潟県史資料編3』であった。『新潟県史』の編者によれば、一のAとB、二のCとDは別個の本紙と礼紙ではないかという。すなわち、A本紙とB礼紙は筆跡が異なっていることにより別個のもの、C本紙とD礼紙の料紙そのものの様態の検討からCとDが一通の文書とすることに疑問を呈している。ただし、B・C・Dの筆跡は類似していると指摘されている。そしてAの筆者を足利尊氏の可能性が高いと指摘しているのである。

このような『新潟県史』の考察を受けて、青木文彦氏はこれらの文書のあり方を次のように復元した。復元のための考察手続きは省略するが、AとDが一つの本紙と礼紙で組み合わさった書状であり、BとCがもう一つセットの書状であるという。「AとDの書状」は尊氏が義詮に差し出したものであり、「BとCの書状」は直義が同じく義詮に発したものではないかと指摘している。このように復元したうえで両書状ともに建武五年六月、同七月に鎌倉の義詮に送られたものであるとみなしている。そしてこのような推測の上に立って、再興されつつあった初期鎌倉府の様態に迫らんとしているのである。

鎌倉府再興

この二通の書状は初期の鎌倉府を検討するうえで確かにきわめて興味深いものである。青木氏の復元は大枠の指摘としては正しいであろう。だが一部異論もある。BとCがセットであったろうとする点は、『新潟県史』の筆跡考察や、BとCを続けた場合に内容に矛盾がないことなどから、青木氏の指摘のとおりであると思われる。だが、AとDが一セットとみなすのはどうであろうか。まず、AとDの筆跡が異なっているとの『新潟県史』の指摘が気にかかるし、内容も異なっているようにみえる。あえてAとDを一括《ひとくく》りにする理由はないのではないか。AとDは別物とみなした方が自然である。すなわち、三通の書状が混在して、錯簡を起こしていたとみなされ、Aは尊氏の書状の一部、B・Cは直義の自筆書状、Dも直義の書状の一部（礼紙）とするのが自然のようにみえる。

宛て所であるが、青木氏は二通とも義詮としている。義詮とみなす理由は、内容からみて鎌倉府の首脳に宛てられたものであり、ここにみられる民部大輔《たいふ》、すなわち上杉憲顕にその内容の伝達を指示できる立場にいる人物は義詮しかいないというのである。もっとものようにみられるが、復元した「B・C」書状についてみてみると、義詮とした場合に「若御前鎌倉へ御出候らん」の語句がどうしても気にかかる点である。青木氏はこの語句は、義詮に対する「若御前（義詮）よと呼び掛けた」と解して、この語句が義詮が受取人でないことを示すものではないとしたうえ、さらに書状の実質的な受給者は上杉憲顕であるとしている。確かにここに記されていることは、若御前は義詮であり、彼が鎌倉に出て来たことを述べていること、その年は建武五年七月であることについては疑いない。だが当時の書状のなかでこのような「呼び掛け」をすることには疑問がある。やはり素直に第三者に対して「鎌倉府の主である若御前（義詮）が鎌倉に帰ってきてよかった」と記しているとするべきであろう。また「民部大輔に御つたへ候べく候」の言い回しも、命令的な言い方であり、直義の義詮への言い方としては少し気になる点である。この書状の言い回しからして、民部大輔（上杉憲顕）と同格の武将へ宛てたものとみなされるがどうであろうか。このように考えると、この書状の宛て所は上杉憲顕と同格の第三者ではないかとおもう。

義詮の近くに仕える有力者で、有力者の上杉憲顕（民部大輔）に直義書状の内容を伝達できるものがその第三者であるといえる。推測できる人物はただ一人、それは高重茂のみである。高重茂は斯波家長が戦死する以前から鎌倉府の執事としての活動をしていたようにみなされる。次の奉書がその徴証である。

武蔵国滝瀬郷滝瀬左衛門尉跡、ならびに長茎《ながくき》郷《ごう》中院宰相中将家跡の事、勲功の賞として、預け置く所なり、早く先例を守り、その沙汰をいたさるべきの状、仰せにより執

達件のごとし、

建武四年四月十二日　　　　大和権守（高重茂）（花押）

安保丹後入道（光泰）殿　　　　（安保文書）

安保《あぼ》氏に所領を預け置いたこの奉書を武蔵守護の活動を示すものとの見解があるが、『神奈川県史資料編3』ではこの文書を「鎌倉府執事高重茂奉書」としている。私も「仰により」とあることより、鎌倉府執事の奉書と考える。彼は斯波家長とともに鎌倉府執事として活動していたことは疑いない。家長が戦死した後も、建武五年二月には武蔵国守護としての活動（鎌倉府執事としての活動の可能性もある）をしていたことが知られており、あるいは義詮とともに三浦半島に下っていたかもしれない。鎌倉府の支柱であった斯波家長が戦死すると、当然その後継者はもう一人の執事である高重茂ということになるであろう。それゆえその第三者とは高重茂ということができる。直義が義詮側近の高重茂宛てに発したのが復元「B・C」書状であったとすることになる。

A状はだれに宛てたか不明である。D状はたぶん「B・C」状の関連のものと考えるが断定はできない。内容を検討してみると、A状は家長戦死後の鎌倉府再興に関連あるものとみなすことはできない。またD状は関連ありそうであるが、内容が明確でない。そこで鎌倉府の再興で活用できるのは「B・C」文書だけということができる。

この書状はかなり興味深いものである。内容は、これ以前に民部大輔（上杉憲顕）に事《こと》書《がき》を遣わしたが、そこには国々の名を書かずに「近国」とだけしか書いてなかったので、不審をこうむったが、まことにそのとおりである。その国々は伊豆・相模・上総・下総・上野・下野・安房・常陸である。委細はおって知らせる。まずこれらの国々を「沙汰」されたい。八幡の事（八幡男山合戦）で伊豆守（上杉重能《しげよし》）と武蔵守（高師直）も不在であるので、きちんとした決定はできないが、訴えがあったのでこの書状で沙汰をする。後に批判されるようなことはない。このことを民部大輔（上杉憲顕）にも伝えてほしいというものである。

この書状で直義が指示したのはどのようなことかが問題である。まず最初は「近国」沙汰の事書を憲顕に遣わしたというが、その「近国」とは上記した伊豆以下の諸国のことである。そしてその「国々の沙汰」とはどのようなことか、また鎌倉府の管轄国であった武蔵と甲斐がみえないのはなぜかという点も問題としなければならないであろう。一般的にいったならば、鎌倉府に斯波家長時代のような権限を付託し（ただし正式決定ではないが、直義の一存として）、上杉憲顕・高重茂の二人が義詮を補佐して関東八ヵ国の運営にあたってほしいと指示したものとするのが自然である。だがそこに武蔵や甲斐が入らないのはなぜかという問題に突き当たる。

鎌倉府執事か「関東総大将」か

この建武五年（暦応《りやくおう》元年、一三三八）という年は、鎌倉府の活動を示す史料の少ない年である。上記した史料が注目されるのは、高師冬が関東に下向してくる以前の関東の状況がどのようであったかを示す数少ない史料の一つだからである。ところで、この年の十二月に次のような直義から上杉憲顕宛ての御教書《みぎようしよ》が発せられている。

関東警固の事、度々暇を申すといえども、当時沙汰の趣《おもむき》神妙の由、その聞えあるの間、免許無きの処、伊豆守重能出仕を止めらるるの上、仰せ付けらるべき事あり、早く上洛すべし、巨細《こさい》は石河孫三郎入道覚道をもって、仰せ下さるる所なり、その旨を存ずべきの状件のごとし、

暦応元年十二月十九日　（足利直義）（花押）

上杉民部大輔殿

（上杉文書）

この御教書は前記の復元「書状」と関わりがあるものと考えられるものである。この御教書の内容は、憲顕からたびたび「関東警固」について、辞任したい旨が幕府に伝えられ

たが、憲顕の「沙汰」がよろしかったので、それを許さなかった、しかし上杉重能が出仕を止められ、さらに憲顕に仰せ付けたいこともあるので上洛せよというものである。この「関東警固」が、復元「文書」の「国々沙汰」の内容であると考えられる。「警固」であるから、関東の防衛に関するものとするのが自然である。とすれば軍事指揮権・検断権（警察権）を主とした職権であったといえよう。

「国々の沙汰」を軍事指揮権を中心にしたものとすれば、高重茂に宛てたと推定される復元「書状」に武蔵がなぜないか推定することができる。武蔵国は高重茂その人が守護であったことにより、彼が軍事指揮権を持っており、わざわざ明示する必要もなかったと推測されるのである。なお甲斐国については不明である。もう一点間接的に関係するとおもわれる奉書がある。幕府執事高師直が上杉憲顕に「走湯山密厳院領相模国金江郷に対する悪党等の狼藉《ろうぜき》の排除」を命じた同年五月二十七日付の奉書（田中教忠氏所蔵文書）である。高師直が憲顕に相模国の寺社領に対して所領保全のための検断権を行使せよと命じているのである。憲顕が関東の諸国に対して検断権を持っていたことをうかがわせるものである。このほかには建武五年の鎌倉府に関わる文書はほとんど見当たらない。

さて建武五年段階の鎌倉府に関わる上杉憲顕と高重茂をどのような地位にいた人物とみ

なすか大きな問題である。彼らがなんらかの地位に補任《ぶにん》されたという補任状はもちろん存在していない。憲顕の発給した文書はなく、また次の年には鎌倉を離れているし、この年に関わる他の高重茂関連史料も現存していない。ただ断言できることは、上杉憲顕も斯波家長の後任であったということである。家長戦死の後、その任務を引き継いだのは憲顕であったということである。

斯波家長は奥州大将軍兼関東大将軍のような立場に立ち、さらに成立しつつある鎌倉府の執事的な地位にあったと述べた。しかし奥州大将軍に関わる職権は、家長が存命中の建武四年に石塔義房《いしどうよしふさ》が奥州総大将として奥羽に派遣されており、奥羽の軍事指揮権は石塔に移っていたので、家長は義詮を担いだ関東総大将的な地位と執事を兼ねたような位置にあった。復元した「B・C」書状はこの地位をまさに上杉憲顕らに対して認めたものといえよう。この段階で鎌倉府の政治組織がどれほど再興されていたか不明であるが、少なくとも家長が最後の段階で振るっていた権限より縮小された権限しかなかったとは考えられない。戦乱のなかで主導権を握るためには、地方にかなり大幅な権限を与えなければならなかったからである。奥羽軍に蹂躙《じゅうりん》されて混乱している東国で、執事であったか総大将であったかの区分をあれこれいっても、執事そのものに軍事指揮権が含まれていたと考えられるのであまり意味がないとおもわれるが、憲顕は斯波家長の地位を引き継いだ執事であり、その地位を幕府が認定していたと推定されるということのみ指摘しておこう。

このような地位に対して憲顕はしばしば辞任を申し出ていたようである。このような意向を受けて直義は憲顕を京都に呼び寄せた。また高重茂も建武五年（暦応元年）以後東国においてその活動をみない。重茂も上洛したとみられ、幕府中央で活躍している。彼は暦応三年（一三四〇）から康永二年（一三四三）まで幕府引付頭人として活動していることが知られている。重茂がいつ上洛したかは確定できないが、だが、暦応二年（一三三九）六月には高師冬が鎌倉に下ってきている。このとき師冬は武蔵国守護に任じられていたと考えられるので、あるいはこのときに師冬と交替したかもしれない。いずれにしても、これ以後東国の戦乱は高師冬を中心に展開していくのである。そして戦乱のもう一方の主役が、その前年の秋に常陸に到着していた。北畠親房《ちかふさ》である。これから五年にわたって常陸を中心に激しい攻防戦が展開されるのである。

東国の南朝

宮を奉じて南軍伊勢を出発する

後醍醐の強い要請にたえられず、奥羽の軍勢を率いて上洛した北畠《きたばたけ》顕家《あきいえ》は、美濃国青野原《あおのがはら》で足利軍を撃破した後に、進路を伊勢にとり大和をへて京都を突こうとしたが失敗して河内・和泉に入り、和泉堺浦で幕府の大軍と戦い、破れて戦死した。顕家はその一週間前に激烈な諫奏状《かんそうじょう》を後醍醐天皇《ごだいご》に掲げたが、それは敗死を覚悟したうえでの後醍醐の政治への批判であった。彼が戦死した四ヵ月後、南朝側は新たに大計画を立てた。顕家なき奥羽地方に大軍団を送り込もうとしたのである。そして乾坤一擲《けんこんいってき》の攻勢に出たのである。

『太平記』によれば、顕家が戦死しただけでなく、北国で新田義貞《にったよしさだ》も討ち死にしたということを聞き、南朝の諸氏は皆色を失ったという。このときに一計を案じたのが、結城宗《ゆうきむね》広《ひろ》であったという。「国司の顕家卿が三年の間に二度まで大軍を動かして上洛したのは、出羽・奥羽両国の諸氏が国司に従い、凶徒の策謀の余地がなかったからである。両国の国人の心はいまだ変じていないから、宮を一人下して、忠功の輩に直接恩賞を与えたならば、不忠の連中を必ず攻め従えることができる。奥州五四郡は日本の半国にも相当するので、もし兵を一方（南朝方）に集めれば、四、五十万騎にもなる。それゆえ、宗広が宮を奉じ、奥羽の軍勢を結集して再度京都に攻めのぼったならば、必ずこのような敗戦の恥を雪《そそ》ぐことができよう」（『太平記』）と述べたという。

南朝は奥羽に軍勢を派遣することを決定した。義良《のりよし》親王（後の後村上《ごむらかみ》天皇）を奉じて、北畠親房《ちかふさ》、結城宗広、伊達行朝《だてゆきとも》ら、さらには顕家の弟顕信《あきのぶ》を陸奥介鎮守府将軍となし、多くの軍勢とともに伊勢の大湊から海路奥羽に向かったのである。このなかには宗良《むねよし》親王もいた。陸地は強敵が多く通りがたかったから海路で陸奥に行こうとしたのであるという。延元三年（一三三八）秋のことであった。

ところがよく知られているように遠州灘《えんしゅうなだ》で暴風雨に遭い、義良親王、結城宗広らは伊勢に吹き戻されてしまったのである。また『鶴岡《つるがおか》社務記録』などによれば、多くの軍船が江ノ島、神奈川、大島や三浦半島、鎌倉の浜、常陸の海岸などに漂着して、生け捕られたり、殺害されたりしたという。さしもの大船団もバラバラになってしまい、南朝が意図した企ては瓦解《がかい》してしまったのである。

多くの人々が命を落としたなか、親房は幸運にも常陸国東条浦《とうじょううら》に漂着した。「そもそも宮（義良親王）御船、ただちに奥州に著せしめ給の由、その聞え候。宇多《うだ》か、牡鹿か、両所の間、相構え、いそぎ御坐の所を尋ねられ、馳申さるべく候」（松平結城文書）と、義良らの行方を追ったのであるが、十一月初旬には、彼らが伊勢に吹き戻されて吉野に帰ったことを知るのである。

親房が最初に入った城は神宮寺《じんぐうじ》城であった。しかしこの城は十月上旬に常陸の国人烟田《かまた》氏らに攻められて、落城したことにより、鎌倉以来の常陸守護である小田治久《おだはるひさ》の拠る、筑波山麓の小田城に入って、そこを拠点に活動を始めた。小田城は鎌倉時代以来の小田氏の居館で、ほぼ一〇〇㍍四方の平城であるが、当時はもっと規模が大きかったようであり、現在も近くの前山などに城の遺構が残されている。

北畠親房とは

これ以後足かけ五年にわたる親房の東国における苦闘が続くのであるが、親房とはどのような人物なのであろうか。戦前に生き、歴史教育を受け

小田城図（藤井尚夫作図，『図説中世城郭事典』1　新人物往来社　1987年より転載）

た人々にとっては、親房は忠君・愛国を代表する公家としてもっとも親しまれた人物であり、また悲劇の公家として知られている。しかし、戦後は歴史の教科書に『神皇正統記《じんのうしょうとうき》』の著者とのみ記される公家となり、半ば忘れられた存在となった。そして歴史家からは硬直した政治姿勢や政治思想家とみなされるようになっていった。しかし最近は少し異なった評価も出てきている。

親房の一生を建武政権を境に前半と後半に区分して検討すると、後半生ほどに前半生はあまりよく分かっていないというのが通説である。しかし概略次のような人生であったと考えられている。

北畠家は村上源氏庶流の出で、極位は正二位で、極官は権大納言《ごんだいなごん》であった。親房は永仁元年（一二九三）に北畠師重《もろしげ》の子として生まれ、家督を継いだのである。位階は生まれると従五位下に除され、その後昇進して、十六歳で従三位になった。しかし彼はその後父祖と比較して異例の昇進をとげたのである。すなわち、三十三歳で父祖の正二位権大納言の極官を超えて大納言に任じられた。さらに異例であったことは、源氏の長者が任じられることになっている奨学院《しょうがくいん》と淳和院《じゅんないん》の両別当に補任《ぶにん》されたことである。この別当に任じられたのは淳和院が二十七歳、奨学院が三十一歳のときであったという。

この別当は本来堀川や土御門《つちみかど》、久我、中院《なかのいん》というような源氏の本流に属する公家が補任されるのが普通であった。しかし親房がこれに補任されたことにより、源氏のトップ公卿に位置づけられたのである。その理由はなにかといえば、本流の家に適任者が存在しなかったこととともに、後醍醐天皇の信任がきわめて厚かったこと、後醍醐が前例にこだわらずに、人事をすすめたところにあったとされている。

さらに親房は元亨《げんこう》二年（一三二二）年から三年ころにかけて、検非違使《けびいし》庁の別当にも補任された。親房三十歳のときである。後醍醐が強力に洛中を支配するために、親房を登用したといわれている。また後醍醐の皇子である世良《ときよし》親王の養育をたくされていた。しかし、世良が亡くなると出家する。元徳二年（一三三〇）、親房三十八歳のときであった。この後、建武政権の成立まで、彼の行動は不明である。

親房の前半生は彼自身が残した書物がないために、断片的である。しかし彼の思想などは改元の儀における親房の言辞からしてある程度知られており、宋学《そうがく》に傾倒していたであろうことが指摘されている。いずれにしても後醍醐に引き立てられて、中流公家としては異例の昇進を重ねていた。

新政権が発足して四ヵ月後に義良《のりよし》親王、子供の顕家とともに奥羽に下向して、陸奥国府で活躍したことは前に述べたとおりである。

建武政権は三年弱で崩壊するのであるが、ここからが親房の本領発揮であったといえる。足利尊氏が叛旗をひるがえしたときに奥羽の大軍を率いて顕家とともに上洛した親房は、尊氏を九州に追い落としたが、九州から進軍してきた尊氏軍が京都を占拠すると、京都にとどまっていた親房は伊勢に下った。吉野と呼応して尊氏勢と対峙したのである。そしてここからさらに常陸へ入り、東国南朝の盟主となっていく。

親房常陸に入る

親房が常陸小田城に入った当時の東国の情勢は、南朝に厳しいものがあった。常陸国内の状況は、常陸国の三大豪族である小田氏は南朝方であったが、佐竹氏は足利方となっており、大掾氏も足利側に属すようになっていた。そのため南部は南朝の勢力が強かったが、府中を含む常陸北部は足利方の勢力が強く、激しい戦乱が展開していた。常陸北部の那珂郡に瓜連城があるが、動乱の初期にはそこを守る那珂氏は南朝派であり、太田城等による佐竹氏、国府を含む常陸中部を押さえる大掾氏等に激しく攻め立てられた。那珂氏は小田氏等の支援を得てよく奮戦したが、建武三年の末に瓜連城は落城し、北部は完全に足利方の支配地となっていたのであり、常陸の状況も南朝方にとって芳しいものではなかった。さらに東国全体を俯瞰してみると、足利氏が優勢であった南関東はともかく、北関東から福島県の中通り、多賀城、平泉方面にかけての奥大道沿いの有力武士層は、南朝方か、旗幟《きし》を鮮明にしないものが多かった。伊達氏や葛西《かさい》氏・南部氏は南朝に属して活躍しており、白河結城氏も南朝の旗をかかげていた。小山・宇都宮・那須氏らは南朝方とみられていたが、どちらかといえば形勢展望派的なところがあった。

武家方は、北関東では佐竹氏、奥羽には石塔義房《いしどうよしふさ》が奥州総大将として派遣されてきており、多くの武士たちがそのもとに結集していた。岩崎・岩城・伊賀・伊東一族・相馬・石川・蘆名らがしだいに武家方となっていった。北関東から南奥羽も武家方が優勢な情況になりつつあったといえよう。このような情況のなか、親房は小田城において、鎌倉府軍の攻撃を受けながら、国人《こくじん》の来援が得られるよう必死に試みる。

常陸に入ったほぼ一ヵ月半後の延元三年（一三三八）十一月十一日、親房は白河の結城親朝《ちかとも》宛てに概略次のような書（北畠親房御教書《みぎょうしょ》）を送った。なお親房の書には長文のものが多いので、適宜現代文に改めて掲載することとする。

一　義良親王の乗船した船が無事に勢州に着いたことは聖運の至りである。

一　当国の静謐《せいひつ》（安定・平和）のことであるが、先日重ねて述べたように、よく気を

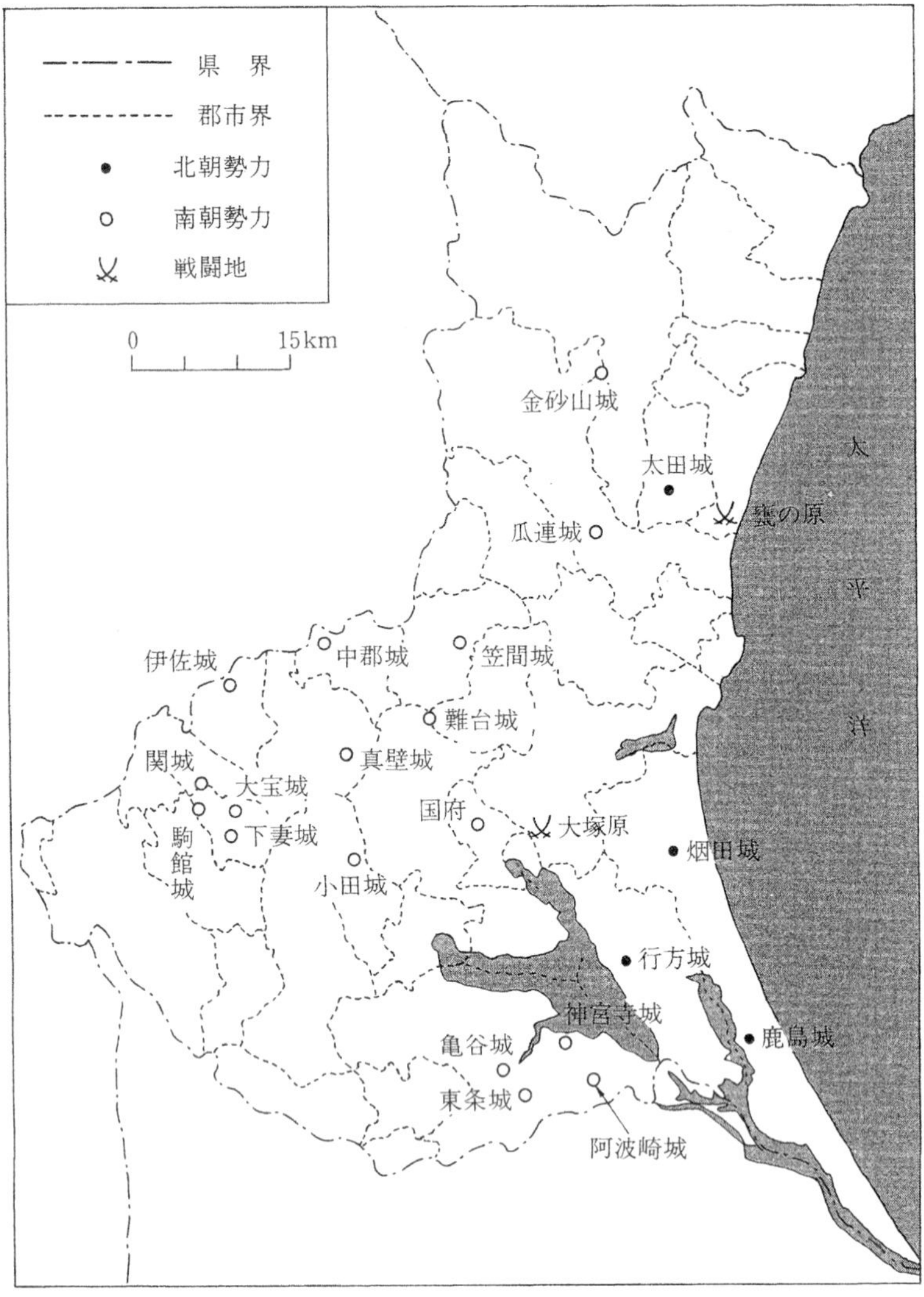

常陸要図（『茨城県の歴史』山川出版社　1997年による）

配って急いで静謐のための沙汰をされたい。

一　石川一族が味方となってよいといっているが、神妙なことである。武勇の様子を教えてほしい、その注進に従って沙汰しよう。本領の安堵《あんど》はしよう。また特別功があったら恩賞を与えよう。

一　葛西清貞《きよさだ》兄弟以下の一族が、随分忠節を励んでいると申してきたので、たびたび感銘している。

一　坂東の静謐のことであるが、こちらでいろいろ計略をめぐらして、事を行っている。まず奥州・羽州を退治されしだい、東国を静謐にする予定であったが、大将（北畠顕信）がまだ下向してきていないので、まだそれが行われていないと、葛西は申している。国司（顕信）以下の人々が奥羽に下向するのがこれ以上遅れれば、まず我々が下向しようとおもう。白川辺の路地は難儀しないであろうか。よくよく対策をたてておいてほしい。那須城を退治したいといってきたが、軍勢を召して、こちらから軍を率いて下向していくのはどうであろうか。検討してほしい。このことは、葛西が殊《こと》に急いでいることであるが、それはもっともなことである。

一　田村庄司一族の内部で少し異変が起こっているようである。どのようなことか。

彼らを味方に誘ってみたらどうだろう。

一　小山安芸権守・長門権守らの忠節は神妙である。よって御教書を下して、下向に関するさまざまなことを伺い、急いでその件を処理しようとおもう。

（松平結城文書）

この書簡は親朝が六日に書状を出し、十一日に親房のもとについた返事である（親房が結城氏に宛てた現在残されているなかの三通目のものである）。すでにこれ以前の九月二十九日、常陸に上陸した直後から、親房は親朝宛てに書状を発しており、頻繁に連絡を取り合っていたものとおもわれる。親房の結城親朝宛ての書簡（御教書を含む）は、興国四年（一三四三）に親房が東国から没落するまでの間に、七十余通残されているが、結城氏だけでなく、北関東から奥羽の諸氏にかなり頻繁に書を発していたものと考えられる。

この御教書の内容であるが、北関東から南奥羽の国人の動きについて親朝からかなり詳細な注進があったものと考えられ、石川一族、葛西氏、那須氏、田村庄司一族、小山氏らに関わって、親朝に指示を与えているのである。そのなかでも注目されるのは、親房がすぐにでも奥羽に下向したがっていることである。奥羽を目指して伊勢を出発したのであるから、このような希望は当然のことであるが、しかしこの願望は最後までかなえられなかった。

結城氏について

ところで結城氏についてもふれておかなければならない。結城氏は藤原秀郷《ひでさと》を祖とする藤氏の流れをくんでいた。結城氏の初代は小山政光の三男朝光《ともみつ》であった。彼は源頼朝の寵愛を受けて、下総国結城郡を与えられ、以後鎌倉時代には北関東の豪族的領主として重きをなしてきた。朝光の嫡男は朝広《ともひろ》であった。その朝広の子に広綱《ひろつな》と祐広《すけひろ》がいたが、広綱が下総結城氏の家督を継ぎ、祐広は庶流として白河に所領を得て、白河結城氏となったのである。白河結城氏は庶家であったが、祐広の子である宗広《むねひろ》時代に立場が大きく転換した。宗広の晩年に鎌倉幕府が滅亡して、建武政権が成立するという権力の交替に直面したのである。そのおり宗広は討幕に参加し、後醍醐の信任を得て、綸旨《りんじ》によって結城氏の惣領《そうりよう》に任じられたのである。まったく異例なことであった。武士の家の惣領を天皇の綸旨で決定するなどということは例のないことであり、これ以後も存在しない。

宗広が惣領に任じられる前提としては、宗広らの白河結城一族の新政権内での活躍があった。幕府が滅亡する直前の元弘三年（一三三三）三月から四月にかけて護良《もりよし》親王令旨、さらに後醍醐天皇綸旨を得た宗広は、鎌倉攻めに加わっただけでなく、幕府上洛軍に参加

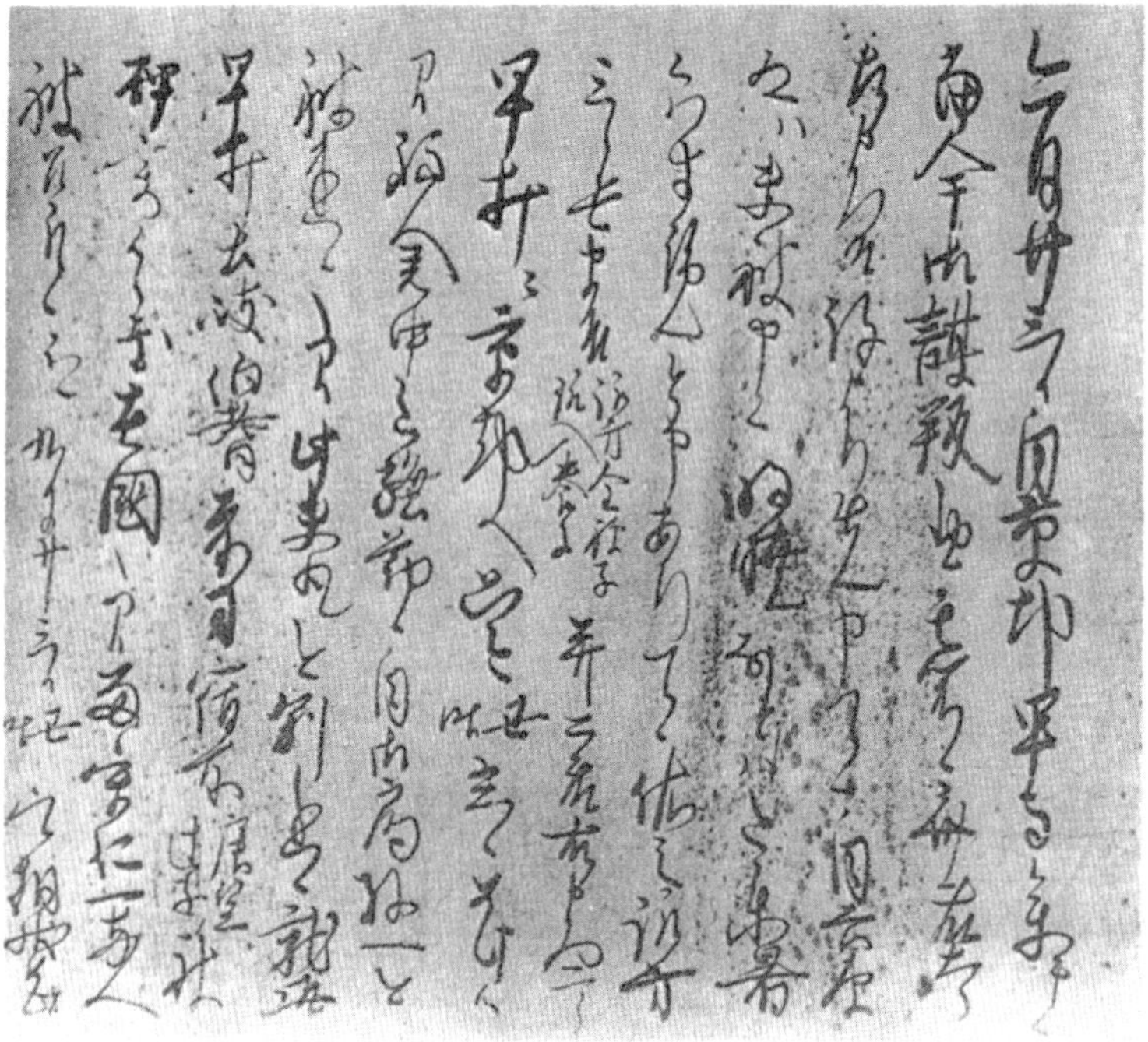

結城宗広書状

今月廿三日、自京都早馬参テ候。
当今御謀叛之由、其聞候。斎藤大郎
左衛門尉許より先申て候。自六原
殿ハ、未被申候。明暁なとハ令参著
候ハす覧と申あひて候。依之諏方
三郎兵衛尉諏訪全禅子、諏入養子。井工藤右衛門二郎
早打ニ京都へ只今丑時立候。如此候
間、鎌倉中令騒動候。自御局弥一を
被進候之間、此夫丸を副進候。就此
早打、土岐伯耆前司宿所唐笠辻子被
押寄候之処、在国之間、留守仁一両人
被召取候云々。九月廿三日丑時定朝状如此。

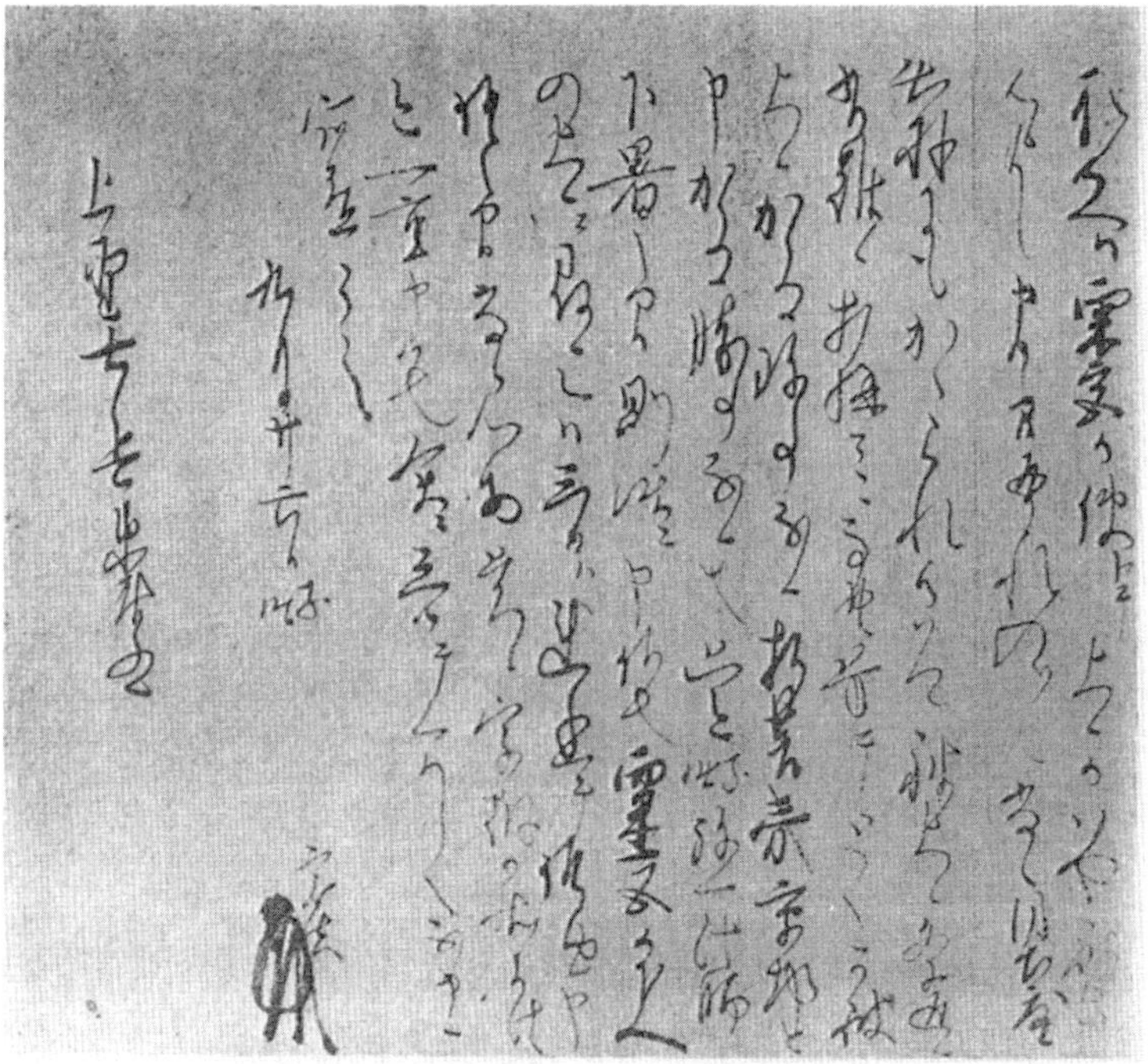

承候へハ、粟宮か使トテ上候か、ハや被上
候よし申候間、返々悦入候〳〵。尚々目出度候。
出羽にもかゝられ候ハて被上候条、返々
有難候。相構々々、馬共労テ、とく可被
上候。かゝる珍事不候。折節、東京都と
申、かゝる勝事不候也。只今子時弥一法師
下著之間、則時ニ申候也。粟宮か下人
の上候ニ尋候へハ、三日ハ連進テ候由、申
候之間、尚々心安覚候。家朝か状には、
今一重申候也。余ニ怱候テ、くハしく不申候。
穴賢々々。

九月廿六日子時　　宗広（花押）

上野七郎兵衛尉殿

していた子の親光《ちかみつ》が六波羅探題を攻めていた赤松氏に属して、後醍醐方に寝返り、六波羅攻撃に参加したのである。鎌倉・京都での討幕の功績が認められ、その後結城親光は建武政権の重要な地位に就いていき、後醍醐の信任がきわめて厚かった。たとえば、恩賞方や雑訴決断所《ざつそけつだんじょ》の所衆に補任されており、東国の庶家の庶子（親朝が結城白河氏の惣領）である親光の栄進はじつに目覚ましいものがあった。当時の人々は結城親光を羽振りのよい「三木一草《さんぼくいつそう》」の一人とみなしていたことは周知のところである（ちなみに「三木」は、結城親光・伯耆守《ほうきのかみ》名和《なわ》長年《ながとし》・楠木《くすのき》正成《まさしげ》、「一草」は千種忠顕《ちぐさただあき》である）。

宗広も同様であった。北畠顕家が陸奥守に補任され、義良親王を奉じて陸奥に下ろうとしたとき、後醍醐は顕家に対して、次のような綸旨を発している。

結城上野入道道忠に仰せ含めらるべき事、事書《ことがき》一通これを遣わさるるの由、仰せ下され候なり、よって上啓件のごとし

八月十八日　　　　式部少輔範国奉

謹上　陸奥守殿（北畠顕家）

（結城錦一氏所蔵結城家文書）

顕家の奥羽下向に対して、宗広に仰せ含むべき事書を遣わしたと伝えたものであるが、

その内容は次のようなものであった。結城宗広に対して、「結城上野入道道忠に仰せ含むべきこと、陸奥守源宰相中将（北畠顕家）が陸奥に赴くから、一心同体の思いで無二の忠節に励んでほしい。宮（義良親王）の奥羽への下向について、国司（顕家）の下知に従い、緩怠《かんたい》があってはならない。このたびの合戦のときに、親光は京都において味方に参じ、また道忠（宗広）一族は東国においても忠をいたしたと聞いているので、非常に感じ入っている。今後いよいよ忠節に励み、その身は遠方にあるといえども、奉公は近習に変わらないようにせよ。また諸郡の奉行は日ごろのとおりに行い、常に国司の命令を受けて、勝手なことをせずに奉行せよ」（結城錦一氏所蔵結城家文書）と述べているのである。

顕家が多賀城に入り、陸奥国府体制が成立すると、宗広はその中核に座った。すなわち、伊達氏らとともに国府の執行機関たる「式評定衆」八人のなかの一人となり、新政権による奥羽支配のために、宗広には大きな期待がかけられていたのである。しかし、建武政権の崩壊にさいして、顕家とともに二度まで上洛して、畿内で転戦したが、顕家の戦死後再度奥羽の地を踏むことはなかった。

結城宗広は伊勢で病死し、また親光も畿内で戦死した。残されたのは白河の惣領親朝のみとなった。親朝は太平洋戦争以前においては、親房の誘いに乗らず、最後に武家方に属したことにより、非難ごうごうの武将であったが、南北朝時代の武士の姿からするならば、むしろ節を全うしようとした武士であったといえよう。次に述べるような武士が南北朝期の武士の典型であった。

商人の所存

福島県中通りに所領を持っていた石川氏という国人《こくじん》がいる。前述の親房御教書にも石川氏が味方に参加することが記されているが、その半月後に次のような御教書が親朝に発せられている。これは親朝より送られてきた書状に対する返事である。

石川一族が味方に参りたいといっているが、まずは神妙である。所望の所領等についてであるが、（望みの所領の所有者である）五大院兵衛入道はすでに味方となっている。石川氏の本領安堵については、申すように現在は上州禅門（結城宗広）以下の功ある人々が知行しており、すこぶる難しいことである。だが近時に、凶徒が一人でも降参してくれれば、外部への影響・評判からも、誠意を示すことが必要であると思われるので、功ある人々には少所でもその替を行われれば、おおいに安心するのではないかと思われる（それで石川氏の本領を安堵する）。であるから、本領安堵については、この御教書の意図を、石川氏に伝えてほしい。

新恩地については、現在はかなえられない。なぜなら、武士たる面々は代々弓矢をもって仕える家である。だが世が乱れてその所存が一定でなくなったのは、まったく無念の次第である。つまるところ先非を悔いて降参してくるときは、その処置を任せて、知行している所領の半分・三分の一を安堵されれば（満足するのが）、古来からの風習である。それゆえに本領全部を安堵したことはたいへんな慈悲ではないか。ところがどうしたことだ、長年敵方として活動してきた者が、今味方になる以前に、たびたび過分の所領を望むのは、武士の名誉を汚す行為ではないか。また朝廷も道理に任せて武士を召し使ってこそ、今後一途に彼らをたのむことができよう。まったく商人のような根性をもった連中では、どうして将来彼らを重く用いることができようか。

このようなことから、まず本領は安堵しよう。そして今後大きな功績があったなら恩賞を与えよう。このことを石川氏に伝えてほしい。石川氏が望んでいる所領を惜しくていっているのではない。というのは、現在味方で並ぶことなき忠節をつくしている者でも、なお、今に恩賞にあずかっていない者が多くいるのではないか。朝敵を味方にするために、闕所地《けっしょち》を与えたならば、一貫した公正な政務をとることができない。このようなことは、一時は妥協することもできるが、首尾一貫させようとし、また面倒な事柄により、新恩所領を没収するということもあるので、ますます天下一統の時期が遠のいていってしまうのではないか。ともかくも、このようなことであって、こちらが行った意図を十分に説明してほしい。そのうえで味方に参らないというならば、もともと敵であるから、それはいかんともし難いことである。また彼らが味方となり、天下も国家も四方が静謐となったならば、このような考えをよく心得られて、石川氏にその趣旨を伝えてほしい。ただし、たびたび弓を引いた敵であったことは隠しようもないことであるが、天下一統の大事の最中に、小さなことにこだわって、味方に参る者の意志に反してはならないであろう。これらのことは矛盾のあることであるが、しかしこのことはよくよく心得て、縁故の者をもってよく教育してほしい。本領の安堵のことについて、御教書を欲する者どもがいたならば、重ねて取り次ぎをされたい。

（以下略）　（松平結城文書）

親房の書簡の残されたものは文面の長いものが多い。この書簡もかなり長文であるが、その前半の部分のみを掲げたものである。ここには親房の武士に対する考え方が、きわめて典型的にみられるのである。

親房は常陸に上陸すると、即時に親朝に連絡し、多数派工作に着手したものとみられる。

親房の指示により、白川親朝は近隣の国人層を南朝方に誘引したものと考えられる。その結果、石川氏が色良い返事をしたのであるが、条件があった。それは、南朝に属する条件として、本領安堵と前もっての新恩給与（恩賞）を望んだのである。

この要求に対して、親房はきわめて強い不快感を示しており、特に恩賞を望むなどということは論外なことであると強く批判する。本領安堵は渋々認めるのであるが、石川氏が南朝の呼びかけに応ずるということは、南朝に降参することである。本来降参人は所領の半分か三分の一を安堵されるのが古代以来のしきたりであり、降参人にとってたいへんに満足すべき処置である。石川氏のように先非を悔いて降参してきた者に所領全部を本領安堵することはたいへんに寛大な処置ではないかというのである。事実、鎌倉時代以来、降参した者は所領の半分または三分の一を安堵して許すという慣例が成立しており、「降参半分の法」というような法律も立法化されていた。

ましてや味方につく前から恩賞を給与せよというのは武士としての名誉を汚し、道理に反するお話にならない行為であるという。このようなことを行ったならば、ろくな恩賞もなくて忠節に励んでいる味方の武士たちからも不信をかってしまい、公正な政治を行うことができないと主張するのである。そして石川氏のことを商人のような考えをもった武士であると強く非難しているのである。

石川氏の要求は南北朝時代の武士の要望としては道理に反することでも、武士の名誉を汚すことでもなく、当然と思われるものであった。南北朝動乱期の武士社会の状況を的確にえぐり出した佐藤進一氏の「動乱期の社会」（『南北朝の動乱』）によれば、武士には去就の自由があり、寝返り・降参などの離合集散が激しく、譜代の家来には忠誠義務があったが、そうでない家来は離反の自由があり、だれを主人にしようが勝手であったという。さらにすでに述べたように、降参半分の法も慣例化されており、寝返りで名を売った武士も多かった。家の分裂も当たり前であり、また所領拡大のためには、合戦がもっともよい機会であり、新領地の給与、他領の侵略は戦争のなかで実現されていった。このような現実からみるならば、石川氏の行為は必ずしも道理に反したり、武士の名誉を汚したりしてはいないのである。しかし、親房の目からみたならば、利ばかり追う、武士の名誉を汚す、憤懣やるかたない武士であったといえる。

親房の思想

武士の恩賞

北畠《きたばたけ》親房《ちかふさ》の武士像は『神皇正統記《じんのうしょうとうき》』に詳しい。「天皇の国土であるこの国に生まれて、忠節を励み、命を捨てるのは臣下としての当然の努めである。そのことをわが身の名誉として誇り、恩賞を望むべきではない。確かに戦死者の遺族を憐れみ、後に続く人を励まそうとして、恩賞を与えることもあるだろう。だがそれはあくまで君主の権限に属するものである。臣下が自分のほうから恩賞を望む筋合いのものではない」、あるいは「高時の命運がつき、後醍醐天皇の運が開けたことは、人の力によるものではない。極言すれば、武士はすべて長年にわたる朝敵であるといってよい。その武士が皇威に服し、味方に加わって、その家その身を安堵されただけでも十二分の皇恩であるといってよい。さらに忠をつくし功労を積んでこそ道理にかなった望みも得られよう。それなのに天の功績を自分の手柄のように思っている」、さらに「近ごろでは、一度でも戦闘に参加し、あるいは自分の家子《いえのこ》郎党《ろうとう》が戦死するようなことがあれば、自分の戦功は日本全土を恩賞にもらうに値する。全国の半分をもらってもまだ足りぬほどだなどと高言するのが流行《はや》っている」などと、口をきわめて動乱期の武士の有様を批判しているのである。

ここにみられる親房の思想は、王土王民思想であり、王（天皇）に仕えることそのものこそが名誉であると思うべきであり、臣下として命を捨てることは当然のことで、王土に住まわせてもらっている臣下たるものは自分から恩賞を望むべきではないというのである。そもそも命運が開けるなどということは、天の力によるものであり、武士などの力ではないとし、武士が皇威に服し、味方となったからといって、それは天のなせる業であって、恩賞に値しないという。そして所領を安堵されただけで十二分の皇恩であると切って捨てているのである。親房のこのような考え方からいえば、石川氏の態度はとんでもない思い上がりとみなされるのである。

『神皇正統記』について

親房の思想をみるうえで欠かせない『神皇正統記』とはどのような書物であったであろうか。この書物は親房が小田城に在城していたときに執筆したことはよく知られていることであり、延元四年（一三三九）の秋には完成していた。

王土王民思想についてふれたが、この書物が王土王民思想で塗りつぶされているというわけではない。すなわち、王＝天皇が行った行為を全面的に肯定するという態度をとっているわけではない。彼は善い行いをした天皇とだめな天皇とに区分けして叙述している。だめな天皇の代表的な例は陽成《ようぜい》天皇である。この天皇は性格が悪くて、天皇の器にふさわしくなかったので、摂政の藤原基経《もとつね》が国家のためを思って廃位を断行したというのである。平安期の両統迭立期《りょうとうてつりつき》の冷泉《れいぜい》天皇系列の天皇についてもよくはいっていない。さらには、保元《ほうげん》の乱のときに源義朝《よしとも》が敗れた父親の為義《ためよし》を処刑したことに対して、義朝の行為は子としての人倫に反すると批判するとともに、このような事態になったのは義朝の親不孝もさることながら、根本は朝廷政治の誤りであると親房はいう。このように朝廷政治をも批判するのである。このような天皇や朝廷政治の批判の根拠は孟子《もうし》の思想であった。

とはいえ、この書物は朝廷や天皇を批判するために書かれたものではない。皇位の継承の正統性を論じているのである。親房は、皇位が継承されていくのは、正理《しょうり》によるというのである。正理とは天皇家の祖神である天照大神《あまてらすおおみかみ》の意向にかなうことであり、正理のない天皇は短期間で退位しなければならないという。高い徳をつけ、正しい政治を行うことが正理であり、天照大神の意向に沿うことであると親房はいうのである。そのためいたるところで天皇の徳について論じ、有徳の天皇を称賛し、不徳の天皇を前述したように批判するのである。このような考えは皇統だけではない。臣下についても同様であった。たとえば、藤原一族が現在のように栄えているのは「神代」から天皇家を補佐するという約束があったこととともに、藤原鎌足《かまたり》以来の善行によるのであるといい、北条氏が繁栄したのも義時《よしとき》・泰時《やすとき》が徳のある立派な政治、すなわち徳政を行ったからであるという。このようなことが正理であると断言するのである。

建武政権下の政治の批判

このような叙述の仕方は君臣関係、国家の秩序等の正しい在り方、すなわち政治についての考えにも貫徹されている。親房は「政道とは、正直慈悲を根本として、実際の政治を立派に遂行することである。これは天照大神の教えである。立派な政治を行うためには多くの道がある。一つは、官にはその職にふさわしい人材を任ずることである。官に有能な人材が登用されていれば、君主は労せずに善い政治を行うことができる。それゆえ本朝・異朝を問わず、これが治世の根本である。二つには、国や郡を臣下に与えるときには、勝手気ままにするのではなく、与えるに足る正当な理由がなければならない。三つ目として、功績のあるものは必ず賞して、罪あるものは必ず罰する。これが善政をすすめ、悪をこらす道である。このなかの一つでも欠けていたら乱れた政治ということができる」と述べている。

このような観点は後醍醐天皇その人に対する批判でもある。親房はさらにいう。「上古においては勲功《くんこう》をたてたからといって官位を昇進させることはなく、ただ一時的な勲功によって一介の陪臣たるものを高官に抜擢《ばってき》することは国政を乱すものであり、本人のためにもよくないことである」というのである。そして「君主がみだりに官位を与えることを謬挙《びゅうきょ》（誤った任用）といい、臣下が不当に官位を望むことを尸禄《しろく》（禄盗人）と呼び、ともに国の滅びる基となるものである」という。まさにこの点は後醍醐天皇が建武政権下において行った政治そのものに対する批判でもあった。「足利尊氏に限らず、他の武士も多く昇進し、なかには昇殿を許されたものさえおり、公家の世になったと思ったら、一層武士の世になってしまったのではないか」と痛烈に後醍醐の政治を批判している。

石川氏のような武士が現れたのは政治が悪いというのである。彼は「公家一統の世になり、長年の悪政が改められるかと思ったら、どうも思い過ごしであった」といい、「現在本所領といわれているところさえ恩賞地に組み入れられ、累代《るいだい》の名家も窮乏して名ばかりになってしまっているものもいる。勲功を誇った武士どもが、君を軽んじていることより、天皇の威厳も地に落ちてしまっているようにみえる」と嘆いているのである。まさに伝統的価値観を重んじる親房からみたならば我慢のならない事態が展開していたのである。

後醍醐の死去と「童蒙」

とはいえ、親房の後醍醐天皇への思いは特別であった。『神皇正統記』「後醍醐の項」の最後で親房は記している。「八月十六日（一三三八年）、後醍醐天皇が吉野山中の秋霧（風邪）に冒されて、お隠れになった（死去した）という知らせを受けた。何事も夢のようにはかない世の中の習いと知りながらも、天皇との数々の思い出が眼前を通り過ぎるような心地がして、年老いた身には涙をとめようもなく、筆を進める手も滞ってしまうほどである」と述べ、さらに「死期の近づいた天皇は、死の前夜に義良《のりよし》親王を左大臣の邸宅に移して、三種の神器を伝えた。そして死去した後の号を後醍醐とするようにと申しおいたのである」とその死を悼んでいる。建武政権下の政治に批判はあるといえどもその死は衝撃であった。

『神皇正統記』は最後に後村上天皇の記述を簡単に認めて筆をおいている。ところでこの書はだれのために書かれたのであるのか古くから議論されているところである。後村上天皇に対して、「君徳涵養」を意図して進覧したものとする見解、あるいは広い読者を意識して書かれたものとする説が有力であったが、戦後この通説に対して新しい見解が対峙されている。この書は東国武士、ことに結城親朝を対象として叙述されたものではないかという説である。これは流布本の「奥書」のなかで、親房は延元四年（一三三九）の秋に、『神皇正統記』を「ある童蒙《どうもう》に示す」ために叙述したと述べているが、この「童蒙」が議論の出発点となったのである。

通説では「童蒙」とは「子供」とみなし、それに「或（ある）」とあることより特定の子供を念頭に置いていたのではないかとされ、その「特定の子供」は後村上天皇であるというのである。また「童蒙」とは特定の人物を指すのではなく、親房が自らを謙遜していった言葉であり、後村上天皇も一覧したであろうが、さらに広い読者を対象とした著書であるという説もある。しかし、常陸の小田城でまったく四面楚歌の情況のなかでなぜこのような書物を書いたのか、また『職原抄《しょくげんしょう》』のような官職書も著しているがなぜなのかという大きな疑問から、この書物は東国の戦いを有利にするために、東国武士のために書かれたとの提起が松本新八郎氏や永原慶二氏らによってなされたのである。すなわち、親房は家柄や勲功、官職などのあり方を力説し、石川氏のような国人がいかに利のない行動をとっているかを明示しようとしたというのである。東国の南朝の置かれた立場からいえばきわめて説得的な見解であった。

だが、また新しい見解も提示されている。「童蒙」という語句は『周易《しゅうえき》』のなかにある文辞であることに注目した我妻健治氏は、親房が和漢に通じた博学の人物であったことより、易文についても精通していたであろうとし、「童蒙」が『周易』卦辞中のものであることを自覚して『神皇正統記』で使用したならばどうなるかというような問題意識で「童蒙」論を展開している。そしてその結論は易の「童蒙」の意味するところは「君位」にあり、「尊」なる高い位をもつものであるとし、天皇、ことに後村上天皇であると断定している。

確かに当時の緊迫した政治情勢からして、「童蒙」＝東国武士論は興味深い指摘であるが、易の文辞の検討からの後村上天皇との指摘も捨てられない。「君徳」を強調する『神皇正統記』からして後村上天皇の可能性が高いが、後醍醐天皇に関わる項は東国武士に対する厳しい批判的な思いを吐露したものとみなすことも可能である。

退勢挽回にかける

虚構の中の親房

両派の俯瞰

延元《えんげん》三年（一三三八）は北朝の暦応《りやくおう》元年である。南北朝動乱のなかでも激しい戦いの続いた年の一つであった。

この年の正月二日には北畠顕家《きたばたけあきいえ》が義良《のりよし》親王を奉じて鎌倉を出発して西上し始めた。顕家軍の進軍は破竹の勢いで、一〇日後に遠江、二〇日後には尾張に到達した。そし

動乱初期の略年表

一三三三（元弘三）
五　鎌倉幕府滅亡
六　後醍醐天皇京都に帰還
七　諸国平均知行安堵法を発布する
八　足利尊氏が武蔵守、北畠顕家が陸奥守に任じられる
九　雑訴決断所が設置される
一〇　北畠親房、顕家・義良親王とともに奥羽に下る
一二　足利直義、成良親王と鎌倉に下向する
一三三四（建武元）

て一月二十四日には美濃国青野原《あおのがはら》で畿内防衛のために待ち構えていた上杉・桃井・土岐《とき》氏の足利軍を撃破して伊勢に軍を進めるという南軍の攻勢によって激動の幕があがった。

以後、畿内、越前を中心とする北陸、中国地方、東国、四国・九州等のいたるところで南北両軍の激戦が続いた。顕家は、伊勢から奈良に入り京都を突こうとしたが、敗れて河内《かわち》にいたり、さらに和泉《いずみ》堺浦において戦いに敗れ、和泉石津《いしづ》で戦死した。五月二十二日のことである。ここから南朝は一挙に退勢になっていく。

北陸の新田義貞《にったよしさだ》も顕家戦死の二ヵ月後の七月に討死してしまう。義貞は延元元年

一　鎌倉に廂番を置く
三　新貨幣として乾坤通宝の発行を計画する
五　徳政令を発する
八　京童が落書を二条河原に掲げる
一〇　護良親王、後醍醐の命により捕縛される

一三三五（建武二）

六　西園寺公宗、謀叛の疑いで捕縛される
七　北条時行、信濃諏訪で挙兵する
　　鎌倉陥落、直義は護良を殺害して敗走する（中先代の乱）
八　尊氏軍勢を率いて東下し、鎌倉を奪還する
一〇　尊氏、後醍醐の上洛命令を拒否
一一　新田義貞、尊氏を討つために軍を率いて関東に下向
一二　尊氏、新田軍を破り、西上する
　　北畠顕家、奥羽の軍勢を率いて、尊氏軍を追撃する

一三三六（建武三・延元元）

一　尊氏軍入洛して占拠、奥羽軍がすぐに奪還
二　尊氏、九州に敗走する
三　顕家、陸奥に帰還
四　尊氏、九州で退勢を挽回し、東上する
五　足利軍、湊川で楠木正成軍を破る

（建武三、一三三六）十月恒良《つねよし》親王とともに北陸に下り、越前金崎《かねがさき》城に拠っていたが、高師泰《こうのもろやす》・斯波《しば》高経《たかつね》らに攻められ、そこを逃れて杣山《そまやま》城にいたり、再起をはかろうとしたが、越前藤島で斯波高経と戦い敗死したのである。ここに畿内の大勢は決した。残るは東国における雌雄である。ことに奥羽に南朝の「遺産」が存在していた。建武政権下における「奥州小幕府」の遺産である。

　北畠顕家らが戦死した直後の東国・奥羽の両派の勢力を俯瞰《ふかん》してみると、鎌倉に足利方の拠点がつくられつつあり、東国の南関東は足利方の勢力が強かったが、北関東は去就不確かなものも多く、佐竹氏のよう

八　尊氏、光明天皇を擁立する（北朝の成立）
一〇　新田義貞、恒良・尊良親王とともに越前に下る
一一　建武式目を定める（室町幕府の成立）
一二　後醍醐天皇吉野に逃れる（南朝の成立）

一三三七（建武四・延元二）
一　北畠顕家陸奥国府から霊山に移る
三　越前金崎城が落ち、恒良捕縛、尊良自害、義貞は逃亡する
一二　顕家上洛を開始し、鎌倉を攻略、斯波家長戦死

一三三八（暦応元・延元三）
一　顕家西上を開始し、美濃青野原で足利軍を破る
五　顕家、和泉国堺浦で大敗を喫して戦死
閏七　新田義貞越前藤島で戦死
八　尊氏、征夷大将軍に任じられる
九　親房・顕信、義良・宗良親王らと海路陸奥に向かうが遭難
　　親房、常陸に漂着
　　懐良親王を九州に派遣

一三三九（暦応二・延元四）
三　義良親王、吉野において東宮（皇太子）となる
八　後醍醐天皇死去

に足利方としての旗幟《きし》を鮮明にしている武士もいたが、やや南朝をひいきしている武士が多かったといえる。南奥羽の浜通りは足利方であったが、中通りは伊達《だて》・結城《ゆうき》氏をはじめとして南朝派が多かった。また北奥羽も南部氏を中心に南朝をひいきする勢力が強かった。北関東から奥羽にかけてはまだまだ雌雄の決着がついておらず、南朝にとって、敗勢を逆転させ、退勢を立て直すという夢のある地域であったといえる。いわゆる鎌倉府もいまだ確立しておらず、前線の基地程度であったと考えられ、奥羽も足利の拠点となるような組織は存在しておらず、ようやく石塔義房《いしどうよしふさ》が奥州総大将として活躍し始めようとしていたところであった。

このような東国・奥羽の情勢からして、小幕府の「遺産」をうまく生かして、うまく立ち回ったならば、退勢挽回《ばんかい》のチャンスが訪れるかもしれないと南朝方が思うのは自然であったといえよう。そこで奥羽にこのような期待に応えるべく派遣されたのが、義良親王を奉じた親房《ちかふさ》・顕信《あきのぶ》らの軍団であったといえよう。しかし、この軍団は奥羽には到着しなかったことはすでに述べたとおりである。

奥州小幕府の「遺産」

北関東から福島県中通り、多賀城、平泉から南部・津軽方面にかけては南朝勢力が優勢であったが、小山・宇都宮・那須氏等は南朝派のようでもあり、形勢展望派的でもあった。しかし、南奥の諸氏はしだいに幕府方になびいていく情勢であった。そこで親房は常陸国に漂着すると、この「遺産」を活用することとなる。延元三年十二月三日付、結城親朝《ちかとも》あての親房の袖判《そではん》御教書《みぎょうしょ》に次のようなものがある。

（北畠親房）
（花押）

石河一族の間の事、先日国宣をなされ畢《おわんぬ》、その後何様申せしめ候や、件《くだん》の輩年来、もっぱら御敵たり。しかれども先非を悔い、馳《はせ》参じせしめば本領を安堵せしむべし、ことなる功あらば、その賞を行わるべきの由、仰せられ畢、しかるに参らざる以前に、所望地を差し申す、傍例としてしかるべからず、所詮真実当参し別の忠をいたさば、当郡内村々においては、功にしたがい先ず計らい宛てらるべきか、当給人の事、当時少々闕所となさんや、替をおこなわるべきの輩にいたっては、いそぎ御沙汰を経らるべく候なり、その意を得て、沙汰いたせしめ給うべきの由仰せ候なり、よって執達《しったつ》件《くだん》のごとし、

延元三年十二月三日　　　　　　越後権守秀仲奉
結城大蔵権大輔殿　　　　　　　（松平結城文書）

前述した石川氏の「商人の所存」的な恩賞に関する関連史料である。親房の命令を受けた秀仲は結城親朝に対して、石川氏の先例に反する態度を非難しながらも、もし味方に参じて忠功をたてたならば、彼らに最初に恩賞を与えるから、郡内の所領の一部を闕所地としておくこと、そのためにその所領の現在の給人に替え地を与えるようにと命じたものである。この御教書のなかでもっとも注目しなければならないものは「国宣《こくせん》をなされ畢」という語句である。親房が石川一族のことに関して先日国宣を発したというのである。同じようなものに延元四年五月十日付、親朝宛ての次のような親房袖判御教書がある。

高野郡郷の相博《そうはく》、伊達一族、度々恩賞として拝領候、あるいは綸旨《りんじ》を帯び、あるいは故国司（顕家）宣を帯び候、相博候段、公方《くぼう》より執《と》り仰せらるるの条、彼ら定めてその勇を失い候か、ただちに談合せられ、承諾申せしめば、それに就き計《はからい》沙汰あるべく候、且《か》つこの間打ち渡す事、先ず国宣成され候了、（以下略）　　（結城家蔵文書）

親房が常陸に入って最初に悩んだ問題の一つは、南朝の奥羽の後ろ盾である伊達氏と結城氏の対立があったことである。延元四年（暦応二、一三三九）のこの両者間の相博（所領の交換）に関わる史料は、その対立を親房が調停しようとしたものである。伊達と結城の対立は、建武二年に起こった中先代《なかせんだい》の乱のときに奥羽でそれに応じる動きがでて、長倉（石川郡内）で北条時行に荷担《かたん》する国人《こくじん》の蜂起があったことから始まった。伊達行朝《ゆきとも》はこの叛乱を鎮め、その功によって、時行に荷担した武士の闕所地である高野郡（東白川郡）北方を与えられた。しかし、この所領は伊達行朝に打ち渡されなかった。結城親朝が横領してしまっていたからである。伊達氏への打ち渡し命令に対して、結城氏は親房に所領を交換したい旨を申し入れたが、それに対する「返書」がこの御教書であった。「高野郡郷の相博についてであるが、伊達一族が恩賞として拝領したもので、綸旨や北畠顕家が発した国宣を持っている。相博のことを朝廷（南朝）が仰せられているが、そのことを伊達にいえば、落胆するだろうから、双方で話し合って決定せよ。もし伊達氏が承諾したならば、それにもとづいて沙汰しよう」（結城古文書写）というようなものであった。なお、伊達行朝が了承しなかったことは関連史料で知ることができる。さて問題は国宣である。親房が発した次のような国宣が伝えられている。

（花押）

岩瀬郡河東郷内大栗・狢森《むじなもり》両村の事、式部少輔の状かくのごとし、子細は状に見ゆ、

早く彼の代官に沙汰付せらるべきの由、国宣候所なり、よって執達件のごとし、

延元四年九月十七日　　　　越後権守秀仲奉

結城大蔵大輔殿

（相楽結城文書）

前記伊達と結城の相博関係の御教書から四ヵ月後の親房国宣である。ここにみえる式部少輔《しょうゆ》とは陸奥国府の奥州式評定衆の一人に名を連ねた藤原英房である。この関連文書として前日の十六日に英房が「卿法眼御房」なる者に宛てた書状が存在している。その内容は「河東郷内大栗・狢森両郷のことについて、道存（二階堂時藤）家人矢部又次郎が、白河氏より預け置かれたものであると申して、いまだ打ち渡していない。もし矢部に軍忠が有ったならば、恩賞を申請するべきである。領主が明らかな土地は、管領してはならない、一円に渡すように大蔵大輔（結城親朝）に仰せ付けられるように、申しあげる」（有造館結城文書）というものである。そして、英房のこのような判断を認めた状により、次の日の十七日に結城親朝宛ての親房の国宣が発せられたのである。

英房状と親房の国宣が一日違いでしかないことは、英房が親房の下にいたことを示している。すなわち奥州式評定衆の一人が親房の吏僚《りりょう》となっていたといえる。

以上のような事実からして、親房の発した国宣とは、明らかに建武政権下の陸奥国国宣《むつのくにこくせん》

の系譜を引くものであったことは疑いないところであり、陸奥国内に発した国宣であるので陸奥国国宣ということができる。ところで陸奥国の国宣を発することができるのは陸奥国の国司《こくし》のみであることはいうまでもない。親房の出した国宣が陸奥国国宣とするならば、親房は陸奥守《むつのかみ》でなければならない。しかし、親房が陸奥守に任じられたような事実は存在していない。

ではなぜこのような国宣を発することになったのであろうか。その理由は、親房の子である顕信《あきのぶ》が従三位陸奥介鎮守府将軍に任じられていたところにあったといえる。本来親房と顕信は義良親王を奉じて陸奥多賀城に下り、顕家が奥羽支配を陸奥国府を通して強力に行ったように、陸奥国府を再興し、戦死した顕家に代わって奥羽を統括して、南朝の強力な拠点にしようと夢みていた。ところが、周知のように海路奥羽に向かう途中で暴風雨にあい、遭難の憂き目となり、顕信と義良は伊勢に吹き戻され、親房の乗った船は常陸に流れ着くという事態となってしまったのである。陸奥国府体制の再構築は頓挫《とんざ》してしまったのである。以後顕信が奥羽に下向《げこう》してくるまで、雌雄を決するための貴重な時間を失い、奥羽に南朝の中核が存在しないという時期が続くのであった。陸奥国国司が不在なこの時期にそれを代行したのが、常陸の親房であったといえよう。

すでに述べたように、陸奥国府体制＝奥州小幕府体制は後醍醐天皇の意を受けて、陸奥守顕家を中心に、陸奥国中央の国府に式評定衆、引付、政所、評定奉行、寺社奉行、安堵奉行等を置き、地方に検断や奉行を設置した堂々たる地方政権の構えをとった権力機構であった。結果的に陸奥国府は解体したものの、建武政権のなかでは異色の存在であったといえる。親房らの意図するところは、顕信を陸奥支配の中心に据えて、顕家のように顕信が国宣を発して南朝の奥羽支配を貫徹するところにあり、親房の役割は黒子として活躍することであった。その国宣を発給する主体が、奥羽に行き着くことができなかったことにより、親房がそれを代行せざるをえなかったといえよう。

親房はいつまで陸奥守の代行をなしたのであろうか。越後権守秀仲なる者は親房が東国を脱出するまで親房の下にあり、親房の奉者として御教書を発しているが、興国二年（暦応四、一三四一）正月十三日付の北畠親房御教書によれば、「一品家の仰せにより」とあり、「一位である親房の仰せにより」これを行うとしているのである。このとき親房は従一位であった。このことは親房が一権門として御教書を発していることを示しており、また、このころには親房の国宣はみられない。親房の陸奥守代行は興国元年（暦応三、一三四〇）春に顕信が陸奥に下向して来たことにより、その役割は終わったとみなされる。

親房が常陸国にとどまり、長期間にわたって東国で幕府軍と戦うことができたのはなぜか、陸奥国府体制の遺産だけで食いつないでいたのであろうか。それだけではないとおもわれる。興国三年（康永元、一三四二）五月六日付の結城親朝宛ての御教書のなかに次のように書かれている。

虚構の上の親房の権限

（前略）

一僧浄光《じょうこう》下向事、先日かつは仰せられ候了、はなはだ御意を得がたく候、一向彼の僧推参の儀に候か、およそ東国の事、直《じき》勅裁をさしおかるべきの由、先皇の御時に仰せ置かれ候了、いわんや奥州においては、郡々の奉行等の事、今更何篇をもって上裁に及ぶべきや、たとえ実事たるといえども、案内を知らざる人々の申沙汰に候か、向後《きょうこう》といえども信用あるべからず候なり、（以下略）

（相楽結城文書）

使者として親房の下に下向して来た僧浄光が伝えた吉野の意向に対して、親房が異を唱えたものである。親房にいわせると、「先日僧浄光が伝えた仰せははなはだ納得がいかないものである。かの僧はまったくさしでがましい無礼な奴だ、およそ東国の事に関しては、勅裁を差し置くと後醍醐天皇の時に仰せ置かれたのではないか、東国がこのようであるから奥州において勅裁を差し置くのは当然である。それをどうだ奥羽の郡々の奉行の事に口出してくるなんて、今更どうして天皇の裁断にいたるのか理解できない。たとえそのいっている事が事実であったとしても、現地の状況を知らない吉野の連中が勝手にきめていることではないか、そんなものは今後においてもまったく信用できないことである」と、親房は舌鋒《ぜっぽう》鋭く批判しているのである。

親房がこのように苛立《いらだ》っていたのは理由があった。この前年十一月、親房は小田城を追われて、関《せき》・大宝《たいほう》城という小城に逃げ込んでいただけでなく、吉野との関係も悪化しており、「藤氏一揆」等が画策されていた時期である。これらの点については後で詳述するが、この御教書で注目しなければならないことは、「東国に関して勅裁を差し置く」との後醍醐天皇からの御墨付きを得ていたと親房が述べていることである。このことは東国に関する全権を後醍醐天皇から得ていたことを示唆しているのである。

この問題に関連する御教書も存在している。前記御教書よりほぼ二年半前の興国元年（暦応三）正月二十二日に結城親朝に発せられた御教書である。そこには「坂東の輩の直奏についてであるが、出羽・陸奥両国は当国の方針通りであり問題ないが、その他東国八ヵ国の輩については、こちらで取り計らっているので直奏は禁止されている。だが、後醍醐天皇の時代に、縁を求めて、官途や恩賞、御感等について綸旨《りんじ》を掠《かす》め賜わった族がいる。

そのような連中が、その実施を求めて、訴訟するなどということが起こっているが、とんでもないことであるとたびたび仰せられている。この御代にはそのような軽はずみな御沙汰をしてはならない。たとえ、掠め賜わった者がいたとしても、そのような者を許容してはならない。もし掠め賜わったことを触れ申すような者がいたならば、罪科に処するべきであると心得よ」（松平結城文書）と認めているのである。後醍醐の軽率な行動を批判しながら、「直奏」を厳禁して、官途・恩賞・感状等はすべて親房の手をへて吉野へ申請すべきとするのである。さらに同御教書の次の項目に、「田村庄司の官途のことであるが、直奏は許容されていない。しかし、しきりにこのことを申してきたので、このたびはじめて権守に任じられた。およそ道理に叶《かな》わないことであるが、今は直接に奉公している状況であるので、その勇を発揮していただきたいためにこのようなことをしたのである」（松平結城文書）と述べているのである。

また吉野にいると思われる西室法印御房忠雲なる僧侶が興国元年（暦応三）と考えられる五月二十八日付の結城親朝に送った書状（結城錦一氏所蔵結城文書）のなかに次のように書いてある。「任官のことや下野三郎の所領安堵等のことについて内々に伺ったところ、このようなことは先朝（後醍醐天皇）の御意向としてすべて入道一品に委任しているから、いそいで彼に相談するように」と述べ、「委細は金江田道意に仰せてある」としているが、ここにみられる「入道一品」とは、北畠親房のことと推定できるので、この書状でも東国における親房の持つ権限が知られるのである。

ここにみられるように、東国・奥羽に関する所領安堵、官途などの申請・推挙等の沙汰はすべて親房の手をへるルールになっていたのである。そして勅裁は親房の推挙等があってはじめてなされるという手続きであったといえる。後醍醐は東国・奥羽を南朝の拠点にするために親房・顕信にかなり強大な権限を与えていたといえるのである。ただ単なる陸奥国府体制の遺産だけでなく、鎌倉府に対抗するために親房は与えられた権限を積極的に活用し始める。義良親王に代わって興良《おきよし》親王を奉じ仮の「陸奥国府」を小田城内に置き、多賀城の奪還をめざすとともに、できうるならば東国で鎌倉府軍を壊滅させようとしたとみなすことができる。

建武政権下の陸奥国府に倣《なら》って、吉野から次々に中・下級公家を呼び寄せて吏僚となしていった。そして支配の行政単位をこれも陸奥国府と同様に郡におき、郡検断・奉行の補《ぶ》任《にん》の権限も親房に属していた。ところが前述したとおり、興国三年の僧浄光の下向に関わって、陸奥国などの郡奉行等について吉野側が介入してきているのであり、これに親房が強く反発しているのである。

親房が後醍醐から付託されていたとおもわれる権限を整理しておくと、まず東国・奥羽に関して直接の「勅裁」が差し置かれていたということがもっとも大きな特色である。これにより、軍事指揮権はいうまでもなく、官途・官位の推挙権をはじめとして、恩賞・感状等の推挙、さらに所領安堵の推挙、闕所地の処分権も掌握していたようであり、所務相論の裁許（仲裁）にも関わっていたようである。また郡々の検断・奉行の補任も親房の掌中にあったようである。親房は各地に御教書を発して、これらの権限をさかんに行使し、南朝側に東国諸氏を結集させようとしているのであるが、現実にはその影響力は小さく、虚構の上に成り立っていたことも事実である。

大きな虚構の上に成り立ったこのような「東国・陸奥支配体制」は、その意図するところや権限の在り方は鎌倉府の存在形態とそれほど大きな隔たりがあるわけではなかった。親房と鋭く覇権を争っていた鎌倉府のこの当時の様態も同じようなものであったといえる。現在まで知られている初期鎌倉府の権限は、軍事指揮権、所領の預置《あずけおき》権などが中心であり、鎌倉府が主体的に所領を宛行《あてが》ったり、安堵したりはしていない。宛行《あてがい》権は将軍尊氏が掌握しており、所領安堵権は足利直義が行使していた。地方の出先機関たる鎌倉府は東国の諸氏の要求に応えるためにそれらを推挙する権限のみであったことが知られている。また裁判権についても、裁判権そのものは存在したのであるが、その決定はそのまま完結するものではなく、幕府裁判機関の下級審としての役割でしかなかった。親房の振るった権限と大差なかったといえよう。

吉野と親房

北畠顕信の奥州下向

奥羽地域にもまだ幕府側の権力機構は確立していなかった。石塔義房《いしどうよしふさ》が奥州総大将として派遣されて、北畠顕家《きたばたけあきいえ》の籠《こも》る霊山《りょうぜん》を攻撃していたが、顕家死後は奥羽の幕府勢を結集して、南朝側の伊達《だて》や結城《ゆうき》氏と対抗し、多賀城を拠点に活動していた。当然彼の持つ権限は軍事指揮権を中心とするものであった。

動乱初期の東国・奥羽の情勢は基本的には建武政権下の権力構造や政治的対立を引きずりながら展開していたのであるが、ただ奥羽における状況は南朝側にとってかんばしいものではなかった。奥州総大将石塔義房に属すようになった奥州勢は岩崎・岩城・伊賀・伊東・相馬・石川・会津三浦などの諸氏であり、一方、南朝側に属するのは、結城・田村・

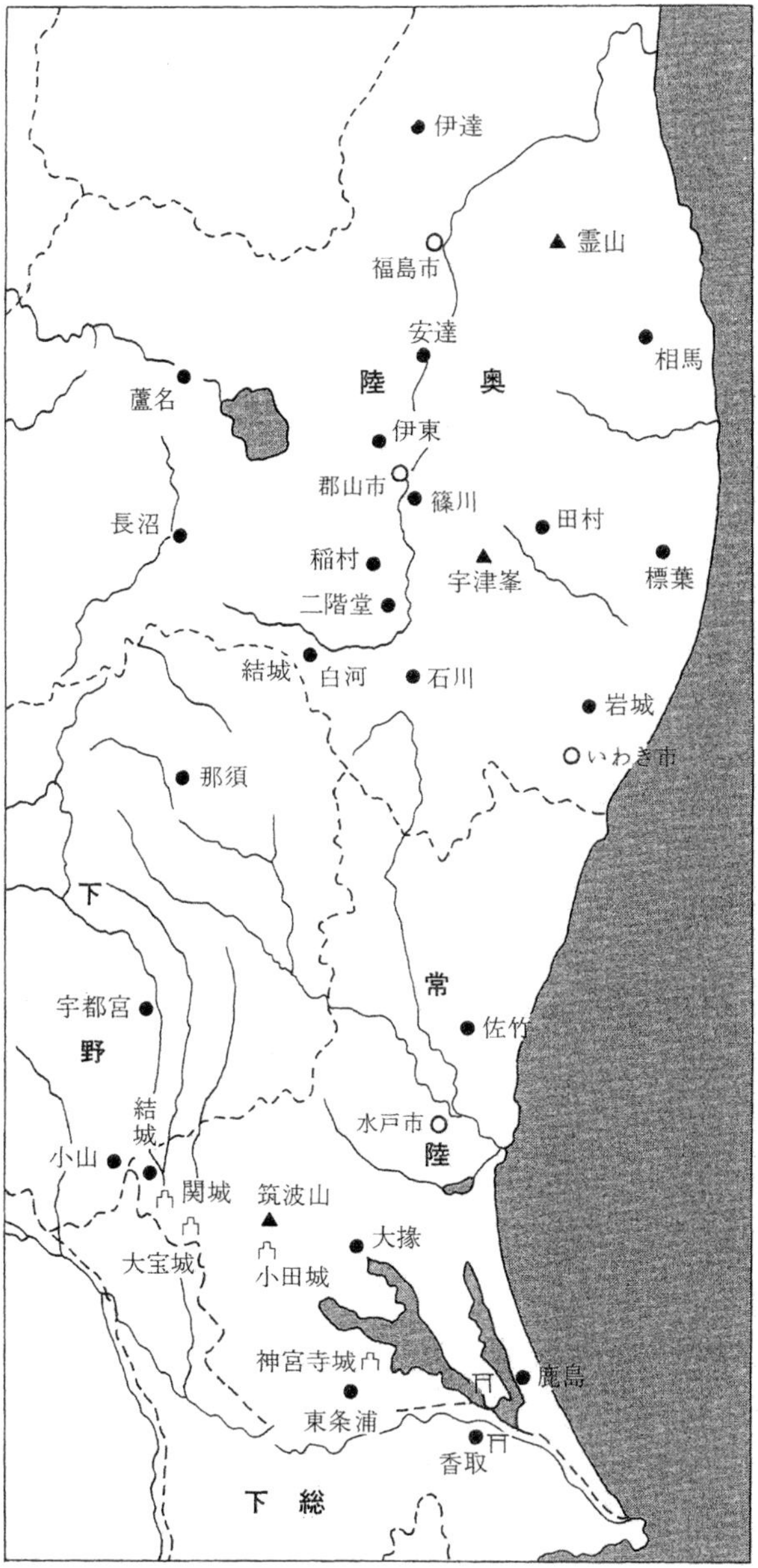

伊達
霊山
福島市
安達
相馬
陸
奥
蘆名
伊東
郡山市
篠川
田村
長沼
稲村
宇津峯
標葉
二階堂
結城
白河
石川
岩城
いわき市
那須
下
常
宇都宮
佐竹
野
結城
水戸市
陸
小山
関城
筑波山
大掾
大宝城
小田城
神宮寺城
鹿島
東条浦
香取
下
総

北関東・南奥羽関係要図

伊達・葛西・南部・工藤氏などであったが、しだいに幕府側が優勢になりつつあった。南朝側としては大至急後醍醐《ごだいご》の皇子の一人と陸奥介顕信《あきのぶ》が下向《げこう》してきて、かつての顕家のように、南党の中心として奥羽の諸氏を結集して活動することを一日千秋の思いで熱望していた。

興国元年（暦応三、一三四〇）六月一日付、結城親朝《ちかとも》宛ての親房《ちかふさ》御教書《みぎょうしょ》によれば、「将軍（北畠顕信）御下向の間の事、先日委細仰せられ候了」（相楽結城文書）とあり、吉野から鎮守府将軍北畠顕信がいよいよ奥羽に下向することを伝えている。小田城から多賀国府奪還のために、顕信は海路で桃生《ものう》郡日和山《ひよりやま》城（石巻市）を目指して軍を進めていった。そしてそこで北奥羽の南党勢力を結集して南下し、常陸の親房も北に軍を進め、多賀国府による石塔義房を南北から挟み撃ちにしようとしたのである。

顕信が下向してくると、奥羽の南党はにわかに活気づき、幕府側の諸氏を撃破し始めた。興国二年（暦応四）閏《うるう》四月二十日付の顕信の侍臣五辻清顕《いつつじきよあき》の親朝宛ての書状によれば、南部以下の北奥の南朝方が勢いを得て、次々と幕府勢を破り意気が揚がっていることが記されている。次の石塔義房の鬼柳義綱《おにやなぎよしつな》に宛てた書状にその状況が読み取れる。

日々夜々に合戦ひまなく候、今度を身には僉度《せんど》の合戦と存候、奥方の御方をすすめて、よを日につきて、いさゝかうちのぼられ候べく候、えさし、かしやまへも状をつかわして候、相構、ひごろけいやくたかい候はず、わが身一人とおもはせ給候て、おしてのぼりて合力あるべく候、もしいそぎ打てのほらせ給はずは、ながくうらみ申へく候、かならず、おくかたのかたきの城をおとさんとハあるましく候、早々にうしろつめして給べく候、恐々謹言。

康永元年
十月八日　　　　秀慶（石塔義房）（花押）

（鬼柳文書）

もし味方に参じなかったならば、「長く恨み申す」などと、武士とは思えないような泣き言をいって、軍勢を催促しているのである。勝敗の予断は許さなくなっていた。だが奥羽の南朝軍にとって予期しない事態が起こっていた。

吉野と親房の対立

興国二年（一三四一）初春の段階では、親房の威勢は大なるものがあった。二月十八日付の御教書によれば、「坂東のことについてであるが、（高《こうの》）師冬《もろふゆ》は昨年冬より、瓜連《うりづら》辺りを経廻しているが、まだ合戦には及んでいない。うわさによれば、無勢により合戦ができないと京都に申し遣わしたそうである。そこで高師直《もろなお》を東国管領として下向させると、年内の評定で大略治定したのであるが、山門（延暦寺）や南都（興福寺）が蜂起し、京都も騒動したことにより延引となったそうである」（松平結城文書）などと申し送り、鎌倉方の弱体ぶりを指摘し、奥羽について「籌策《ちゆうさく》をめぐらす」ように指示しているのである。

ところがこの年の五月ころになると状況は暗転する。高師冬が小田城を襲撃するという風聞が親房のもとに達するのであるが、それよりも親房にとって聞き捨てにならない、吉野の怪しげな動きが伝えられてきた。「小山氏関係のうわさは元来信用しがたいものである。しかし、小山氏自身は年少であり、しかるべき補佐の輩も存在していない。それゆえもし不都合なことが出現したならば、かの意向を良く聞き、良く諭してあげることが良いだろうと言っている。このような風聞はどうにも困ったことである」（松平結城文書）と小山氏の内紛を伝えた後に、以下のように述べている。

近衛左大臣家（経忠《つねただ》）が、吉野より出てしまったという、京都側の敵方もあまり歓迎していないようで、あばら屋一宇と所領二ヵ所を与えたほかはまったく何もしていないようである。このことにより、方々でいろいろ噂をよんでいるようであり、近衛の使者も所々を尋ね回っているようである。その者が言って歩いていることは、藤氏が各々一揆を結び、近衛が天下をとるべきである。小山をもって坂東の管領とするということである。近衛の使者は当所の小田方に書状をもって来て、さらに小山に向かった。この城より、僧を案内者として小山にまかり越したが、このようなことは小田は承諾しなかったという。一揆ということは、ひごろ風聞はあるが、このようなことが出現したならば、よからぬ噂が充満するであろう。しかし、前左府（近衛経忠）の画策していることは単なるよからぬ噂ではない。彼は京都にいながら、このような短慮のことを進めるとは、何か他の所存があるからに違いない。かの仁は味方についているといっても、このような荒説（悪い噂）は痛ましいことである。鎌倉の凶徒にもこの噂が聞えるであろう。つい先日は小田勢のなかでも内紛があった。小田一族以外の人々はどのように振る舞ったらいいのであろうかと、評定に及んだのである。凶徒側はこのことを聞き及ぶであろう。所詮小田の当主は驚きもせずに動かないと聞いているが、前左府の使者は一揆を勧め、虚説を申し回っているようにみえる。新田義興《にったよしおき》もこのようなよからぬ荒説に取り込まれてしまっている。義興の家人のなかにも物騒がしい動きが出てきており、吉野に参ったりしている。（以下略）　（松平結城文書）

この状は関連文書から、興国二年五月ごろのものである。近衛経忠がいわゆる藤氏一揆《とうしいっき》を呼び掛けたとされる有名な史料である。これによって吉野の動静や小田氏関係の動向がかなり知られるのである。まず吉野の動向であるが、南朝の重臣である近衛前左府が京都に出奔したと伝えているのである。そしてその使者が東国に現れ、藤原姓の小田や小山、結城らを誘って藤氏一揆を結成させようとしているというのである。その意図するところは、藤氏一揆を支えに、近衛が天下を掌握し、小山氏を関東管領になすというものであったという。このために小田氏内部にも動揺が走り、新田義興の家人にも動揺がみられ、鎌倉の凶徒にもこのような噂が聞えて、必ずしも良いことではないといっているのである。これはどこまで信用できるのであろうか。もう少し関連文書をみてみよう。

藤氏一揆の画策

五月二十五日付、結城親朝宛ての法眼宣宗書状の中に次のような文面がみられる。「小山辺りにさまざまな荒説がある。一つは一族一揆して親房とは別の行動（分派行動）を起こそうとしていると伝えられること、もう一つは新田義貞の子息（義興）をその盟主に立てようとしているとかいうことである。この二つのことはともに良く分からないおかしなことである。たとえ一族一揆して凶徒を退治するといっても、本当に一方の固めとして朝廷を護ることが本意であろうか疑問だ。一族一揆して凶徒に向かえば面々恩賞も官途も優遇の沙汰があるだろう。別の行動といっても、様をかえた足利の所存と同じではないかと思えるので、これはまったくのよからぬ噂ではないだろうか。新田義興を取り立てるということも不審なことである。当国に新田義興が在国しているが、新田の内に小山に内通している者がいるのであろうか、その者が吉野に参り、小山はすでに味方に参り、廷尉《ていい》を望んでいるので、いそいで宣下してほしいと申しているというが、このこともおかしなことである」（松平結城文書）と認めたあとにこのことを義興に尋ねたところ、自分はまったく知らないことであり、家人のなかにこのようなことを画策した者がいるのでないかと思い、不審な者を少し追い出したと述べているのである。親房の疑心暗鬼もいいところである。親房の東国支配の構想が危機的な状況となってきていたといえる。

また某書状（結城錦一氏所蔵結城家文書）によれば、近衛左大臣が京都に帰ってきたのであるが、京都で歓迎されなかったこと、そのため後悔して、諸方と語らって小田辺にも状が送られてきていること、藤氏の人々を一揆させ、自分自身が取り立てられようとする意向であること、使者がそちらの方にも回って行くであろうことを指摘し、さらに吉野殿を支援するとしながら、別行動とは道理に合わないうえに、自分自身が京都に帰り、このような途方もない物乞いをするとは、気が狂ったとしかいいようがないのではないかと口をきわめて批判しているのである。

挫折

東国と吉野をめぐるこのような一連の事態は何を意味しているのであろうか。この問題をめぐっては、建武政権が崩壊した後の後醍醐天皇の権力奪還構想までさかのぼらなければならないであろう。後醍醐は建武政権が解体した直後に、雄大な構想をもって自分の子供に有力武将を付けて各地に下した。奥羽の義良《のりよし》と親房・顕信ら以外にも、九州に懐良《かねよし》親王を下向させ、北陸へは恒良《つねよし》親王に新田義貞を付けて下し、東海地方には宗良《むねよし》親王が下向して行った。そして自らは、吉野に立て籠もり、王権の正統性を主張し続けようとしたのである。下向していった皇子や有力武将に付託された権限は、親房が強く主張しているような「直勅裁」を差し置く、すなわち吉野の直接の指図を受けずに、現地の勢力を結集して奮闘せよとするものであったといえよう。そもそもその最たるものが北陸に下った恒良と新田義貞の場合である。

後醍醐は尊氏に降伏して、比叡山を下りるときに、皇太子恒良親王に「帝位を譲り」、義貞は「新帝」を奉じて越前に赴いたのである。これは『太平記』の説であるが、天皇の位まで与えて地方の経営にあたらせたというのであるから、地方に南朝側の強大な勢力を打ち立てて、劣勢の中央に攻め上がらせようとしたといえよう。そのためには後醍醐は手段を選ばなかった。それぞれの皇子に自分の分身として強大な権力を与えたのである。このような後醍醐の意識・思考の基となっているのは建武政権下の陸奥国府の「成功」にあった。陸奥の軍勢を率いて二度までも上洛した北畠顕家の獅子奮迅《ししふんじん》の活動の夢よもう一度というわけである。事実、九州においては、それが懐良親王の活躍、征西府の樹立により、正夢となりかけたのである。

後醍醐の地方に拠点を築き、幕府に徹底抗戦をするという方針を忠実に実行していたのが親房であった。だが後醍醐が急死した後、後醍醐の徹底抗戦の方針は怪しくなっていくのである。即位した新帝である後村上天皇は、建武政権下で陸奥国府の主であった義良親王であり、新政権の崩壊後にともに陸奥に下ろうとした仲なので、気心がしれていたが、京都の優雅な生活しか知らない有力公家に動揺がみられるようになったと推定される。後醍醐も死去し、新田義貞も戦死し、後醍醐に従っていた武将も次々に倒れたり、離反していくと、京都への郷愁が高まっていったものと考えられる。

藤氏一揆で登場する近衛経忠もその一人であったであろう。経忠は従兄弟の基嗣《もとつぐ》と近衛家の家督を争い、敗れて失意のうちに吉野に走った公家であった。だから強烈な信念をもって吉野で反幕府の行動をとっていたのではなかった。このようなわけだから、吉野の生活が嫌になり京都に「ふらり」と帰ってきたともいえる。しかし、経忠は吉野における幕府との融和派の一人であり、幕府との和平交渉のために京都に赴いたのではないかとの説も存在している。すなわち、吉野の南朝方で幕府との講和派が力を増してきて、経忠はその講和派の中心人物ではなかったかというのである。講和を進めるうえで障害となったのが親房であり、親房の影響力を削《そ》ぐために、藤氏一揆の結成に動いたというのである。確かにありうる話である。そして吉野には親房の独断専行を快く思わなかった者も多く、東国の南朝方諸氏のなかにも、東国武士を「商人の所存」と切って捨てるような、親房の不遜な態度に反発するものもかなりいたとおもわれる。そして、経忠らに密かに内通するものもいたことは前述したとおりである。

いずれにしても藤氏一揆工作は反親房の動きであり、親房を失脚させ、新田義興を中心とした南朝勢力に衣替えさせようとした画策であったことは疑いない。だがこのような陰謀は失敗して、藤氏一揆は結成されなかった。親房の断固とした対応が功を奏したといえる。

しかし、この画策の余波は大きかった。まず、東国の南朝勢力内部に疑心暗鬼が生まれて払拭《ふっしょく》しがたいものになっていたことである。南朝に心をよせていた者も不信感を強め、一致して鎌倉府軍に対抗できず、小田氏が鎌倉府方に寝返る遠因となっていったといえる。また、坂東管領に補任《ぶにん》されるとの噂が流れた小山氏はしだいに親房から離れ、護良《もりよし》の子である興良《おきよし》親王を担いで別行動をとるようになっていき、結城親朝も親房に対して消極的な対応しかしなくなっていったのである。さらに鎌倉方も東国南朝の分裂的傾向をみて攻勢を強めていった。

このような状況であるから、北関東の南朝軍を結集して奥羽に攻め下り、また北奥羽の軍勢をもって顕信が北から、奥州総大将石塔義房を挟み撃ちにするという挟撃作戦は頓挫《とんざ》せざるをえなかった。南朝の戦略の挫折である。戦略の頓挫どころか親房その人が小田城を逃げ出さなければならない状況となるのである。それはこの年の十一月のことであった。小田城の城主治久《はるひさ》が高師冬に降ったのである。

東国武士と常陸合戦

東国の南朝勢力を掃討するために下向《げこう》してきたのが、高師冬《こうのもろふゆ》であった。師冬は四月六日に京都を出発し（諸家文書纂）、北畠親房《きたばたけちかふさ》が常陸に漂着したほぼ半年後の暦応《りゃくおう》二年（一三三九）五月ごろには鎌倉に到着していた。師冬は幕府の実力者高師直《もろなお》の従兄弟《いとこ》であり、鎌倉府執事高重茂《しげもち》の後任として着任したと思われ、武蔵国守護をも当然兼ねていた。彼は鎌倉に下向するとすぐに常陸に軍勢を率いて向かった。

胎内文書は語る

延元四年（一三三九）九月二十八日付、結城親朝《ゆうきちかとも》宛ての北畠親房御教書《みぎょうしょ》によれば、「吉野殿（後醍醐《ごだいご》天皇）が天皇位を譲ったことについて、噂を聞いているだろうか、奥州宮

（義良《のりよし》親王）が即位したのは、聖運が強いためになしたことではなかろうか、この間のことについて、使者を立てるので、委細はそのときにいいましょう、またこの間に鎌倉の凶徒が武蔵・相模等の軍勢を率いて、寄せ来ると聞いている、今明日《こん》には寄せて来るのではないかと、待ち受けている。鎌倉辺りまで急いで打ちのぼろうとも思うが、所々の城郭などを打ち捨てがたいので、面々がいろいろ考えて止めた、今寄せ来るということは、かえって早く静謐《せいひつ》になる（鎌倉方を破る）基となるのではないか」（相楽結城文書）などと述べており、常陸小田城に鎌倉勢が攻めてくるという噂が流れ、鎌倉方を破るいい機会だと親房はいっているのである。

このときの鎌倉勢が常陸攻めを行う状況を、きわめてリアルに記した文書が残されている。日野市高幡《たかはた》に存在している高幡山明王院《みょうおういん》（高幡不動）の不動明王坐像の胎内《たいない》に納入されていた胎内文書《もんじょ》群がそれである。この七〇点近い胎内文書群は破損が激しいものであったが、日野市編さん委員会が精密な解読に基づく徹底的な調査を行い、六九通に及ぶ胎内文書が整理されて『日野市史史料集　高幡不動胎内文書編』（以下『胎内文書編』と称する）として刊行されている。断片・破片として残されているこの文書群を復元する苦労は並大抵のことではなかったとおもわれるが、この復元文書群のなかにみられる、武蔵国の山内経之という武士が妻子のもとに送った手紙を通して常陸合戦をみてみようとおもう。引用した文書は『胎内文書編』に拠っている。

『胎内文書編』の解説によれば、すべて南北朝時代の暦応二年（一三三九）の前後に作成された書状で構成されているという。この年は師冬を総大将とする常陸攻めが始まった時期である。この書状群のうち、五〇通は鎌倉や戦場から妻や子らの家族に宛てられた山内経之の書状であるという。この書状群は経之の所領支配や平素の日常生活を示すものが多く含まれており、当時の中小の東国武士の所領経営や生活などを知るうえで貴重なものである。常陸攻めの状況を『胎内文書編』の中の文書とその解説からみていこう。

山内経之はなんらかの訴訟で鎌倉に滞在しており、この時期に高師冬が京都から鎌倉に下向してきたものと考えられる。師冬が鎌倉にいたると、経之は常陸攻略軍に編成されて、「来月の十一日には、必ず常陸に下らなければならない」と八月十一日に常陸に出発することを家族に書き送り、常陸に下るまでの間、従者の五郎を留守宅に遣わしたりしている。また別の書状などでは出陣が十三日に延びたことや、近隣の武士である高幡殿も常陸に下ることなどを伝え、兵粮米《ひょうろうまい》を送ってほしいことを関戸観音堂の住職にお願いしたりしている。さらに「御下《おんくだり》も十六日とうけ給候」と十六日になったこと、高師冬が二十日ごろに武蔵に下ってくること、在家を売って出陣のための費用二貫文を受け取るように指示したり、また小袖《こそで》二、三着を送るように指示したり、弓を買って送ってほしいと家族に申し送っている。常陸出陣の慌ただしさが書状の文面にあふれているのである。常陸に向かわぬものは厳しい処罰がなされるのでその難儀は計りがたいなどとも述べている。

常陸攻め

いよいよ常陸への下向となるのであるが、その道中でも留守宅に費用の工面を願っている。高師冬を大将とする足利軍は武蔵村岡をへて、九月には下総国《しもうさのくに》下河辺荘《しもこうべのしょう》に進軍し始め、各地からの情報により、敵方も待ち構えているので、すぐに合戦になるだろうといっている。前記北畠親房の御教書でも、鎌倉勢を待ち構えている状況がリアルに描かれているが、それとまさに符合するものである。村岡滞在中の九月末に二、三日家に帰り、戦費を工面したりしているが、いよいよ敵があふれている下河辺荘の向かい側の地（太田荘辺り）まで進んだが、そのときの師冬軍の状況について、「下河辺の向かいについた、従軍しないものは皆所領を没収されるそうである、その他にも、書状を出して訴える人（異議を唱える人）は、人のうわさによれば、本領を没収されるということである、笠幡北方の渋江殿が闕所地にされたそうである」などと述べた後、忠ある人々であるか否かが従軍により決定づけられるとして、さらに費用の二、三貫文を大進房なるものから借りて送ってほしいなどといっている。軍律の厳しさと戦費の負担に苦しんでいる状況が記されているのである。

十月十六日までの間に南朝軍と激戦が展開されて、南朝軍は下河辺荘から撤退し、鎌倉軍は下総国北東部の山川（現結城市南部）まで進んだ。南朝軍は駒城（現下妻市黒駒）に立て籠もり、鎌倉軍と対峙した。十月二十八日の書状によれば、「逃げている又共（従者）の人数を記して遣わすから、この者どもを一人も漏らさずに取り押さえてこちらに送り返してほしい、少しでも違《たが》えたならば、親子とみなさない」と従者の名前を書いて子息に送っているのであり、合戦の最中に逃げ出す者がいかに多かったか知れる。さらに別の書状には、「前に申した逃げた又者（従者）どもを早く一人も残らずに取り押さえて、こちらに返すように」と指示しており、さらに他の者には「多数逃げており、人々は故郷に帰りたいと申している」などと書き送っている。

激戦の状況は次のような文面でも知られる。「馬がほしい、馬を軍勢の中のものが持っているので、海老名殿より借り、また兜《かぶと》も他の人から借りて合戦でそれを用いている。人々は多く討たれ、手負いも多いが、それも辛苦には思わず」に負傷もせず、死にもせずにいると、苦戦して攻めあぐねている状況を書いているのである。

この駒城の合戦において鎌倉軍は苦戦を強いられたが、次の年の正月に親房は次のような御教書を結城親朝宛てに送っていることからも知ることができる。

駒楯辺の凶徒、今春は以《もっ》ての外《ほか》に微弱散々の式に候、よって去る十一日より、宗祐は並木・渡戸と申し候所に陣を取り、凶徒の兵粮の道を絶たんと欲し候、一切出合の式に及ばず候の間、重ねて対治のため、去る廿日に春日羽林重ねて出られ候、畢《そうらいおわんぬ》、今においては静謐程なく候、（松平結城文書）

この書から親房の自信の程がうかがわれるのである。

一方、鎌倉軍の方は苦戦のためか、「自分は死んでも、大将や一揆の人々がいるから安心している」などと書き送ったりして、暦応二年末から次の年の春にかけての経之の書状は「難儀」「難儀」（苦戦）という文面の連続である。ついに経之も「いとま」を乞いたいが「敵の城も近くにあるのでそうもいかない」といい、今度の合戦で「生き残ることもあるまい」と悲壮な覚悟であることを妻子に書き送っている。そしてこの後、とうとう山内経之の妻子宛ての書状はみえなくなってしまう。この常陸合戦で戦死したものと考えられる。師冬軍がこの駒城を落としたのは暦応三年五月末のことであった。

この間の鎌倉方武士の軍忠状が何点か残されているが、「矢部定藤軍忠状写」（諸家文書纂）によれば、矢部は師冬の四月六日の京都からの下向のときから供をし、九月八日に武蔵村岡、十月二十二日に並木渡、同二十三日に折立渡に進み、その後における駒城の攻防戦が詳しく記されている。この合戦で鎌倉方のこうむった痛手は大きかった。犠牲者が多く、下総側からの正面突破作戦が不可能であることを知ったのである。しばらく様子を見た後に、宇都宮をへて、北の瓜連《うりづら》城の方からの攻撃に作戦を変更したのであった。

親房関・大宝城へ

興国元年（暦応三年）十一月十八日付結城親朝宛ての親房御教書には「高師冬宇都宮に著すの後、更に威勢なきにより、方々の勢を待つと称して、瓜連を経廻す」（松平結城文書）と書き送っており、さらには前述したように、次の年の春には東国に高師直が下向してくるというような風説も流れるのである。足利方の常陸攻めが成功していないことを示している。

ところで小田城を攻めあぐねているのをみかねたのか、上洛していた上杉憲顕《のりあき》が暦応三年の中ごろに再度東国に下向してきたようである。暦応三年六月に遵行命令や祈禱状を発しているが、翌暦応四年二月には、佐貫江口又四郎入道に上野国内の地を勲功賞として預け置いている（新田岩松文書）。鎌倉府執事としての行為であろう。

常陸合戦はしばらく膠着《こうちゃく》状態が続いたが、暦応四年（興国二年）五月ごろから小田城の攻防戦が激しくなっていった。このころは例の藤氏一揆の問題が起こっており、吉野と親房との間に意思疎通を欠いてきたときであり、東国にいる親房の立場も微妙になってきていたときである。このようなときに師冬は小田城に猛烈な攻勢をかけてきた。これまでの間、鎌倉方はじわじわ北から小田城に迫り、常陸の多くの武将が鎌倉方になびいたり、攻略されたりしていた。そしてとうとう六月半ばには鎌倉軍は小田城を囲んだ。親房は矢継ぎ早に結城親朝に救援されたいとの書を送った。「師冬以下凶徒、去る十六日より、寄せ来る。陣を当城の山上に取り候了、諸方の勢を相待つと称し、いまだ楯際合戦に及ばず、後措《こそ》（今後の行動）の事、この時分いそぎ沙汰を立てらるべく候」（相楽結城文書）とは、六月二十一日に送った御教書の一部であるが、その後、「終日合戦、御方打ち勝ち、凶徒討ち死に、手負い千余人に及ぶと云々、すなわち要害を引き退き、晩に及ぶにより、御方また本陣に帰り了」（結城錦一氏所蔵結城家文書）というような書状断簡もあり、城際で両軍の白兵戦が展開されているのである。しかし、籠城軍はしだいに敗色が濃厚となっていったのである。以下の文は法眼宣宗が十月十六日に結城親朝に送った書状の一部を現代風になおしたものである。

この方の合戦について、一年や二年支えられぬことはないと何度も申してきているのであるが、そのことについては誠に言うまでもないことであるが、近日この城を支えることがきわめて困難になってきた。面々城々を警固しているが、合戦のための軍勢もきわめて少なくなってきている。それで凶徒（鎌倉軍）はまったく勝手に気ままに横行している。これによって弱々しい者は、気落ちしてしまい、東条一族の多くは、真っ先に心変わりしてしまった。下妻城中においても、異を唱える連中も少々でてきている。とうとう中入合戦以後、長沼も裏切った。まったく言語道断のことである。この長沼の行為は庶子らが行ったことではなかろうか、一族家人の中で、短慮の連中が芳賀兵衛入道と語らって、にわかに思い立ったものであると聞く。（以下略）

（結城古文書写）

この小田城をめぐる攻防戦は十一月まで続いた。次々に支援の要請を親朝のもとに送ったが、期待していた結城親朝の来援はとうとうなかった。「小田たちまち和順の道があると称し、凶徒等を引き入れるの間、一昨日十日、関城に御移住候了」（相楽結城文書）と、親朝に書を送ったのは興国二年（暦応四年）十一月十二日のことであった。親房からみれば頼みの綱である小田治久が寝返ったといえるが、鎌倉方からみれば幕府側に小田氏が投降したということである。

結城親朝について

親朝の父親は結城宗広《むねひろ》で、下総結城氏の庶流であり、陸奥国白河荘を本貫地としていた。元弘の乱の折に、後醍醐方となり、子の親光は建武政権内で重用されて、その羽振りのよさから、結城氏は三木一草《さんぼくいっそう》の一人に数えられたことはよく知られていることである。

前述したように建武政権下で、北畠顕家が多賀城に下向して、陸奥国府の主となり、奥羽を統括し始めると、結城親朝は陸奥国府の最高首脳部である奥州式評定衆に結城宗広とともに任じられており、結城父子は奥羽の最大の有力者になったのである。

足利尊氏が新政権に対して謀叛を起こし、京都を占拠すると、奥羽の大軍を率いて上洛して尊氏を九州に追ったのであるが、このときの軍勢のなかに結城宗広はもちろん、親朝も一方の大将として上洛していった。奥羽軍は畿内でいったん勝利して奥羽に帰還したのち、後醍醐が吉野に入ったことにより、周知のように再度畿内に遠征するところとなった。このとき宗広は奥羽軍の中核として上洛していったが、親朝は奥羽の押さえとして白河にとどまることとなった。親朝は奥羽におけるもっとも有力な武将の一人として、建武政権下において白河・高野・岩瀬・安積《あさか》の各郡と石河荘・田村荘・依上《よりかみ》保・小野保の検断奉行に任じられており、また本領の白河荘以外にも宇多荘・石川荘など多くの地を与えられており、さらに下総結城氏に代わって白河結城氏が惣領《そうりょう》とされるというように、新政権から比類をみないほどの手厚い恩賞が与えられていたのである。このような事情から南朝側は親朝をもっとも頼りにしていたのであり、奥羽の押えとして全幅の信頼をおいていたのである。

であるから、北畠親房が常陸小田城に籠ったときに、すぐにでも支援を得られるものと信じていたものと考えられる。だが現実は違っていた。奥羽における状況は親房が考えるほど甘くはなく、奥羽の白河結城氏を取り巻く状況は厳しいものがあった。すでに二回目の上洛途上の延元二年十二月二日付の結城宗広書状で、彼は親朝に対して「今は奥道（奥州街道）も塞がり候ぬと存じ候よし申して候」（結城家蔵文書）と、白河から宇都宮をへて鎌倉にいたる「奥道」の周辺が足利方によって占拠されているだろうとし、「依上道（久慈川ぞいに常陸にいたる道）は、何にもしてあけらるべし」（結城家蔵文書）と、依上道は是非確保しておくことを求めているのである。

親房が常陸に下向した後も奥道近辺の状況は基本的に変化はなかった。依上道ぞいには常陸の幕府方の有力者佐竹氏、さらに常陸大掾《ひたちだいじょうし》氏らがおり、下総結城氏、茂木氏が幕府方に属していた。さらに背後の北方仙道ぞいには伊東氏や石川氏らの一部も親朝を脅かす存在であり、浜通りの岩城・相馬氏らは皆幕府方であった。まさに親朝としては動きが取れないような状況であったといえる。このようななかに常陸から親房による援軍要請が次々に届くのである。

親朝が南朝方としてまったく何もしなかったわけではない。たとえば次の高師冬が奉じた御教書によってそれが知られる。

白河城の凶徒等、石河庄村松城に寄せ来るべきの由、注進状を披見しおわんぬ、一族等をあい催し、防戦せらるべきの状、仰せによって執達《しったつ》件《くだん》のごとし、

暦応四年閏四月二日　　参河守（花押）

石河烟田《かまた》五郎太郎殿

（東京大学白川文書）

暦応四年（一三四一）といえば、小田城をめぐる攻防戦が激化する直前の時期である。その時期に親朝が軍事行動を起こしたのが知られるのである。そして攻撃軍の大将である師冬が危機感をもって軍勢を催促した状況がうかがえるのである。一説によれば、このとき親朝は常陸救援に出立するためにこのようなことを行ったという。さらに興国三年（康永元年、一三四二）に再度常陸に軍を進めようとしたともいわれている。しかし、親房にとって事態は悪化の一途をたどり、決定的な敗北になりつつあった。

関・大宝城の落城

小田城から脱出した親房は西北に十数キロほどの距離にあった関《せき》城に入った。小山一族の関宗祐《むねすけ》が守る小城であった。近くの大宝《たいほう》城には配下の春日顕国《かすがあきくに》が入った。この両城は天険の要害であった。関城は大宝沼に突き出た舌状の台地の先端部に築かれており、三方が沼に囲まれ、まことに天然の要害であったということができよう。またすぐ南東に大宝城があり、この小城は大宝沼と周辺の湿原に臨む断崖の上に存在し、これまた自然の防衛線に囲まれた城塞であった。しかし両城は師冬軍に分断されて陸路では連絡が取れず、わずかに水路によって船で往反するのみであり、両城内では離反・逃亡するものも少なくなかった。だが残った者の戦意は旺盛であり、繰り返して攻勢をかけてきた師冬軍に対してよく持ちこたえていた。しかし、しだいに兵粮《ひょうろう》などが欠乏していき、親房はしきりに書を親朝に送り逼迫した状況を伝えたが、親朝は少々の砂金を送ったのみで、それ以上は動かなかった。次に掲げる興国三年（一三四二）十一月十二日付の親朝宛て書状は関城の籠城の状況を伝えたものである。

（前欠）こちらの方に属しているものは大宝城から来た軍勢も含めて、疲労がはなはだしいことは使いの僧が詳しく話すだろうと思う。そちらに救援を先だって申したところ、使僧下向の後に少々ご支援くだされるの旨、申し出があったが、前回の救援分二〇〇疋(びき)のうち、一〇〇〇疋ばかりは到着したが、まだ残りはこちらに届いていない。今回の分はまして未着となっている。途中の受け取ったところで、まだ送ることをしていないのではないかと思われるから、送る手立てのことをよくよくよろしく願いたい。特にこの間の寒気はまったく大変なものである。やっと飢えをしのぐほどの兵粮は関宗祐が苦労してなんとか確保しているものの、それ以外の寒気を防ぐことまでは彼は手がまわらない状況である。そのためにただでさえ少ない城兵が、力が及ばずに諸方を頼ろうとする者もあり、いよいよ状況は悪くなっている。いかなる手段によってでも、なおいっそうの支援をお願いしたい。先日は顕朝（親朝の嫡男）より道《どう》円《えん》をもって、都合よく砂金一五両をお送りしていただいたが、無事に到着した。なお今後もこのような道を用いたらいかがであろうか。また衣類なども信用できる確かな人物が持参したならば必ず到来すると考える。替物で商人に仰せ付けて送るのは、今後もこのようにいたせばよいものと思われる。あまりに細かいことのようにみえるが、この城の状況からして本当に理解してほしい。関宗祐もこのままでは長く持ちこたえることは不可能であるから、何か別な方策はないかと愁訴《しゅうそ》している。一時的には無為の事態になっても、外聞はよくないし、信念にあった実質的なものではないので、この城に立て籠もって、其方（親朝）が立ち上がることを待ち続ける所存である。よくよく思案してご返事をお願いしたい。（結城古文書写）

真冬の常陸の小城で兵粮も少なく、厳しい寒気と戦いながら、信念をもち続けて足利軍と戦いを継続している親房の幽鬼迫る姿がこの文面に表れている。

しかし救援を要請していたその親朝もしだいに親房から離れていった。康永二年（一三四三）六月十日、奥州総大将石塔義房は結城親朝宛てに次のような軍勢催促状を送った。

先日子細を申さるにより、御方に参り、軍忠致すべきの由、仰せ下さるるの旨、京都より御教書を下し給い畢、案文かくのごとし、この上はいそぎ馳《は》参《せ》じて戦功をぬきんじらるべきなり、かつ請文にのせ、左右申せらるべきの状件のごとし、

康永二年六月十日　沙弥（花押）

結城大蔵小輔殿

（結城古文書写）

これ以前の二月二十五日に足利尊氏が親朝に対して、御教書を下し、所領安堵を条件に足利方に投降することを求めていた。その後に上記のような石塔義房による軍勢催促状が発せられたのである。そして八月にとうとう親朝はこの条件をのみ、足利方に帰順した。関・大宝城の陥落は時間の問題となった。康永二年（一三四三）十一月十八日、石塔義元

（義房の子）は「常州関・大宝両城凶徒等、去十一・十二両日没落云々」（結城錦一氏所蔵結城家文書）と結城親朝に関・大宝城の落城を伝えた。親房が関城に移って二年の歳月をへており、常陸に入って五年たっていた。城主関一族は戦死したが、北畠親房はからくも脱出し、吉野へ帰還した。

東国の国人

国人と国人一揆

一族と分裂

北畠《きたばたけ》親房《ちかふさ》が国人《こくじん》を勧誘するときによくみられる語句に「一族」というものがある。たとえば、南朝方と親房が認識していた田村庄司について「田村庄司一族忠、少々違変の由聞え候や」などとみえている。親房はこの一族という語句を多用している。彼の発した御教書《みぎょうしょ》や書状から拾ってみよう。「石川一族」「田村庄司一族」、「伊達一族」、「海道一族」、「那須一族」、「河村一族」、「長沼一族家人中」、「小山彼一族」、「葛西《かさい》一族」、「佐竹一族」等々がみえており、結城氏に対しても、「一族以下」「一族等忠節」というように述べている。

武士社会においては、鎌倉時代まで、一族の庶子に対して所領等を分割して相続させるわったのが一般的であった。庶子《しょし》は相続した所領・財産を持って完全に独立した家をつくったわけではなく、惣領《そうりょう》の統括のもとに団結していた。本家の惣領と分家の庶子によって構成されていた血縁的集団を一族、一門などと呼んでおり、このような武士の結合のあり方を惣領制と称している。惣領制によって構成されている武士団では、平時においては惣領が一族所領への幕府への御家人役などの公事を配分し、それを通して庶子を統制していたり、惣領は一族を代表して祭祀を行ったりして、一族結合の中心にいたのである。また合戦となれば、惣領を中核として、その指揮の下に一族が団結して戦ったのである。

だが鎌倉末期から南北朝時代にいたると、分割相続から惣領の単独相続になったり、惣領の下に一致団結して行動するということはしだいになくなっていったことは周知のことである。このような状況は親房関係の書簡のなかにもしばしばみられる。「小山兄弟合戦のこと、以《もっ》ての外《ほか》の次第と云々、かつまた師冬と不和もちろんのことに候か、これよりも内々仰せ遣わされ候い畢」（松平結城文書）とは興国元年（一三四〇）十月十日付北畠親房御教書にみられる小山氏の状況であり、一族内部で分裂が起こってきているのである。このような事態はいたるところで起こっている。小田城に籠城している最後の段階で、親房は親朝《ちかとも》に、長沼氏は一族の惣領の意向からではなく、庶子らの意向で変節し始めていること、宇都宮一族も当主に叛旗をひるがえしていることなどを述べている。
国人のこのような一族の分裂状況を克服するためにはどのような方策があったのであろうか。国家権力の掌握をめぐって南北両党が抗争するという特殊な状況であったとしても、一族分裂の原因は庶子らが強い力を持ち独立してきたことにあった。これらの庶子を押さえるために庶子を被官化するような単独相続ということも起こったのであるが、もう一つの団結の方法として一族一揆を結成するということも一般的にみられた。

（前略）彼の家一流、坂東において由緒他に異なり候、面々一揆し凶徒を退けられ候へば、再び遠祖の功業を興さるべく候、真実一揆候へば、坂東において誰人比肩すべく候や、ただ一揆の成否によるべく候か、この事は故禅門（結城宗広）ことに意を懸けらるる事に候いき、よくよく相い計らい給いせしむべきのよし仰せ候なり、よって執達件のごとし、

四月五日　　行部少輔秀仲

結城修理権大夫殿　　（松平結城文書）

結城親朝の救援を得るため、彼を説得しようとした興国二年四月五日付の親房の御教書である。結城家は坂東においても他家と異なる存在であるといい、白河結城一族が一揆し

て、凶徒（鎌倉府軍）を退けたならば、再び栄光を取り戻すことができ、坂東で並ぶものがいない豪族となるというのである。結城一族が結束して一揆し、蹶起《けっき》することを促しているのである。この文面から、親房も一族一揆のもつ重要性をよく理解していたものとみられ、事実これ以後、東国・奥羽を掌握するためには、国人の一揆にいかに対応するかが大きな課題となっていくのである。

郡検断奉行とは

動乱期の武士団の在り方は、鎌倉時代のような惣領制的な一族結合から、一族一揆へと変化しつつあった。しかし一揆は一族一揆のみではなかった。すでに周知のことであるが、複数の別姓の国人によって結ばれる国人一揆こそが本流であった。結城氏も当然このような状況のなかで支配を展開していた。

結城親朝が国人を結集して、仙道地域（白河周辺の中通り南部）で大きな威勢を持っていたことはよく知られていることである。このような親朝の行動や威光を支えていたのは、彼が郡検断奉行《ぐんけんだんぶぎょう》に補任《ぶにん》されていたからであるといわれている。郡検断奉行とはどのような役割を担っていたのであろうか。この役職を持ったものが活動するのは、建武政権下の陸奥国府の管轄地域においてであった。陸奥国府の支配地内で郡単位で検断や行政に関わっている国人を検断奉行と呼んでおり、陸奥国府の政策を現地で実行する者で、地方支配の重要な柱であり、国府の支庁的な存在であったといえる。

白河の結城親朝は建武政権下においては、多賀国府の中枢部にいて、式評定衆《しきのひょうじょうしゅう》として国府を支える有力者の一人として活動していたのであるが、中先代《なかせんだい》の乱が起こった直後の建武二年（一三三五）八月に白河に帰ったが、北条時行に荷担する勢力などが蜂起して、白河一帯は容易ならざる事態となっていた。この状況に対処するために、陸奥国司北畠顕家は結城親朝に対して、十月二十六日に「白河・高野・岩瀬・安積《あさか》郡、石河・田村庄、依《より》上《かみ》・小野保等の検断の事、奉行せしめ給うべし、てえれば国宣執達件《しったつくだん》のごとし」（結城神社所蔵文書）という陸奥国宣を発して、白河近辺の八地域の警察・行政権等を認めて、現地を掌握させようとしたのである。このような検断奉行は解体しつつある惣領制の弱点を補い、その統率から離れつつある中小の武士を上から統括しようとしたものであり、中小武士の結節点となったといわれている。

動乱期に入っても親朝がこの権限を与えられていたことは、北畠親房側近の沙弥宗心なる者が延元四年四月十二日に親朝宛てに発した書状（結城古文書写）のなかに「奉行の段」とみえていることより、検断奉行に任じられていたことが知られる。さらに、親朝が足利方となった後の貞和二年（一三四六）六月に、奥州管領畠山国氏《くにうじ》は「奥州国々検断奉行」

を結城親朝に安堵《あんど》している。これ以前の康永三年（一三四四）九月に所領安堵のための手《て》継《つぎ》証文《しょうもん》を幕府側に提出したのであるが（結城錦一氏所蔵結城家文書）、そのなかに「白河・高野・岩瀬以下検断のこと、国宣建武二年十月二十六日」との陸奥国宣が含まれていた。このような国宣によって検断奉行を安堵したものと考えられる。確かにこのような公権は結城氏の支配にとって大きなものであったであろう。だが、公権だけで動乱期を乗り切れるほど事態は甘いものではなかった。動乱のなかで検断奉行のような公権はしだいに意味をもたなくなっていった。ではいったい何が国人の生き残りの梃子《てこ》となっていったのであろうか。

国人一揆の趨勢

国人一揆こそが動乱時代を生き抜く手段であった。次の文書に注目したい。

註進
結城
太田九郎左衛門尉広光　結城下総三郎兵衛尉宗顕
同能登権守経泰　同五郎左衛門尉泰忠
村田

安芸権守政胤
長門権守胤成
備前権守家政
下妻
下野二郎左衛門尉景宗
同徳犬丸
同五郎兵尉
長沼
淡路八郎左衛門尉胤広
伊賀権守入道宗意
越中権守宗村
同弥五郎入道戒願
同五郎兵衛尉宗親
河村山城権守秀安
荒蒔五郎左衛門尉秀光

下総権守光成
藤井五郎左衛門尉朝貞
修理亮政景
同五郎右衛門尉政国
同王犬丸
同八幡介景貞
同七郎兵衛尉宗清
同益犬丸
信濃権守時長
同又七左衛門尉宗行
同大輔法眼宗俊
同一族
南条蘭夜叉丸

標葉参河権守清実　同三郎左衛門尉盛貞
同大郎兵衛尉清俊　同三郎兵衛尉清房
石河駿河権守光義　同大寺孫三郎祐光
同千石六郎時光　同小貫三郎時光
同一族等着到在別　伊賀孫太郎左衛門尉親宗
同三郎左衛門朝末　五大院兵衛入道玄照
伊東行部左衛門入道性照　同常陸新左衛門尉祐信
同五郎入道顕光　那須首藤兵衛尉高長
田村遠江権守　同一族等
佐野九郎入道重円　中村丹弥五郎実泰
班目周防権守惟秀　牟呂兵庫助親頼
由利兵庫助入道輪照　船田三郎左衛門尉高衡
競石江左衛門尉祐遠　和知三郎兵衛尉朝康
豊田行部左衛門尉親盛　白坂治部左衛門尉祐長
右注進件のごとし

康永二年九月　日　　修理権大夫親朝

（結城錦一氏所蔵結城家文書）

この注進状が書かれたのは康永二年（一三四三）九月であるが、この月は結城親朝が足利方に属した次の月のことである。これは足利に降るために書かれたものであり、注進状の提出先は当然幕府であった。ここにみられる人々は結城・村田・下妻・長沼・伊賀・石川・伊東・田村・那須・班目《まだらめ》・船田・和知《わち》・白坂・競石・豊田・由利・佐野・牟呂《むろ》・中村・五大院・南条・荒蒔《あらまき》・標葉《しねは》らの一族、全部で五五名である。この国人たちと親朝との関係はどのようなものだったのであろうか。一般的には次のようにいわれている。この国人は親朝の検断奉行職権下におかれていた人々であり、必ずしも結城氏の家臣団でない人々が含まれているのは、検断奉行の職権をもって、これらの国人らを統率してきたことを示しているとされている。

検断奉行の職権にもとづいて統率してきた集団を、その職権で丸ごと足利方にしたというわけである。ここに列記されている国人らをみれば分かるように、彼らは北関東から南奥羽にかけての国人らである。村田氏は秀郷《ひできと》流藤原氏の流れをくむ小山氏の庶流であり、下野から常陸にかけて勢力を持っていた。下妻氏も小山氏流で常陸国下妻荘近辺に所領があった。長沼氏も小山氏の流れをくんでいる国人である。那須氏は知ってのとおり下野国那須郡を領する下野の有力豪族である。伊賀氏は陸奥国東海道（福島県浜通り）の国人である。荒蒔氏は上野国の出身であるとされているが、常陸佐竹氏とも深い関係にあることが知られており、北関東（常陸か）の国人であった。標葉氏も伊賀氏と同様に浜通りの有力国人である。佐野氏は下野国の国人であり、伊東・石河・班目・田村・和知氏らは仙道（福島県中通り）南部の国人である。南条氏・由利氏も陸奥の国人であるとおもわれる。どこに所領を持っていたか不明な国人も少し存在するが、注進状にみられる国人らは下野・常陸・陸奥南部の国人層の交名《きょうみょう》（名簿）であることは明らかである。

すでに述べたが、結城親朝が検断奉行職を持っていた郡々は白河荘・高野郡・岩瀬郡・安積郡・石川荘・田村荘・依上保・小野保である。この地域は陸奥仙道南部である。注進状にみられる国人の支配地域の一部でしかないことは明らかである。注進状にみられる国人層は親朝が得ていた検断奉行職の地域をはるかに超えていることは明瞭である。下野から常陸北部、陸奥仙道南部・岩城地方までの広大な地域の国人が含まれているのである。検断職が国人を結集させるうえで重要であったことは事実であるが、親朝が検断奉行の職権のみでこれらの国人を統率したとするのは必ずしも説得的ではなく、説明としては不十分と考えられる。

そこで前記の注進状はどのような性格のものかが問題となる。

(1) 奥州所々城郭退治の事、一族並びに一揆の輩を催促し、早速御方に参り軍忠いたさば、建武弐年已前《いぜん》の知行地、各相違あるべからざるの状件のごとし、

(足利尊氏)
御判

康永二年二月廿五日

結城大蔵少輔殿

(仙台結城文書)

(2) (端裏書)
「石塔入道殿御教書案」

去る八月十九日、御旗を挙げらるるの由、申され候条、もっとも以て目出《めで》候、そもそも一族並びに一揆の輩を催し具し、早速御方に参り、軍忠いたさば、建武弐年以前の知行地、各相違あるべからざるの由、去る二月廿五日京都より御教書を給わるるの旨承り畢、はた又本領所職の事、暦応五年四月廿七日御教書を給わるるの由、同じく以て承り候い了《おわんぬ》、彼の条々その旨を存ずべく候、一切相違あるべからざるの状件のごとし、

(石塔義房)
沙弥

康永二年十月二日

結城修理権大夫殿

(結城錦一氏所蔵結城家文書)

(1)は康永二年（一三四三）二月に足利尊氏《たかうじ》が結城親朝に宛てた軍勢催促状である。この二月という時期は関・大宝城が陥落する九ヵ月前であり、もはや南朝軍の敗退が決定的な段階にあった時期である。このような時期に尊氏は建武政権下において知行していた親朝の所領安堵を条件に味方に誘ったのである。ここから結城氏と足利方の交渉が始まり、六月十日には奥州総大将の石塔義房《いしどうよしふさ》が親朝宛てに軍勢催促状を発しているが、この段階で結城親朝は足利軍に降ることをほぼ内諾していたとおもわれる。そして八月十九日に足利方に属することを明確にしたのである。そのことが(2)に示されている。

(2)の石塔義房「書下状《かきくだしじょう》」によれば、親朝が味方に参じたので、二月二十五日付の足利尊氏御教書にもとづいて本領を安堵するが、それ以前の暦応五年（一三四二）四月二十七日に同様な尊氏御教書が発せられているという。確かにこの日時に発せられた尊氏御教書写が存在している（白河證古文書上）。ということは足利方はかなり以前から結城氏に対して投降工作を行っていたといえる。かなり以前から長期間にわたって勧誘工作を行っていたのは理由があった。その理由は(1)・(2)ともに「一揆の輩を催し」とするところにあったのである。

結城親朝が一族のみでなく、一揆を率いて足利方に降ったというのである。この一揆こそ前掲の下野・常陸・奥羽南部の国人に関わる注進状なのである。すなわち尊氏はこれらの一揆諸氏をそっくり手に入れたのである。一揆を味方に付けるためにかなり長期間にわたって勧誘工作を進めたのであり、この一揆を味方にしない限り東国を掌握したことにならなかったからである。

結城親朝は南奥羽に大きな勢力を持っていたのであるが、この権勢を支えたのは郡検断のみではなく北関東から南奥羽にかけて結成されていた国人一揆にあったといえよう。その盟主的存在が結城氏であったのである。すでに述べたように、この地域の藤原氏流の国人を結集して藤氏一揆を結成しようとするうごきがあったことはすでに述べたが、これに近い動きが具体的に存在していたのである。藤氏一揆を結成しようとしたことはまったくの夢物語ではなかったのである。藤氏一揆結成の画策は失敗したが、この結成の動きは当然、吉野の南朝方の意向のもとになされたものと考えられるから、吉野は北関東や南奥羽の国人の動向をみながら工作を展開したものとみなされる。

北関東・南奥羽連合国人一揆

この国人一揆は仮に「北関東・南奥羽国人一揆」と呼んでおこう。この一揆の構成は「一族並びに一揆の輩」となっていることより、一族と一揆によって構成されていた。事実それぞれの一族が「同」ということで記されており、一族中の多くが参加している。彼らは一族一揆を結んでいたと考えられ、さらに他氏と連携して広域的な国人一揆を結成していて、二重構造をとる一揆であったといえる。

下野・常陸・陸奥の仙道や岩城まで含む広大な地域に国人の一揆が結ばれていたのであるが、このような一揆はいつごろ結成されたものであろうか。この点は明らかにできないが、たぶん常陸合戦が始まった後、南朝をひいきする国人の間で結ばれたものと考えられる。もしこのように南朝派の国人によって結成されたとするならば、この国人一揆と親房との関係は、どのようなものであったのであろうか。

一揆交名（名簿）の注進状を再度みてみたい。ここに記されている人々のほとんどがなんらかの官職を肩書きとしている武士たちである。兵衛や衛門府関係の官職が多いが、しかし権守《ごんのかみ》が多いのも注目される。彼らがこのような官職を得られたのは親房の推挙によってなされたものと考えられる。親房書簡のなかに推挙した官職がみられるが、それと一致するものもある。たとえば、「斑目《まだらめ》式部大夫維秀権守を望み候、本領を帯びる上、直奉公を免ぜらるるの上、今においては、子細なく候か、よってこの度免許の御判を遣わされ候なり」（松平結城文書）と述べたりしている。「守」という正員でなく「権守」としたところがいかにも親房らしい「配慮」がなされているのである。親房は背後の関東北部・奥羽南部に存在するこのような勢力に対して官職を推挙することで対応しようとしたのであるといえる。だが親房の思想からみたならば、基本的には彼らは「商人の所存」であった。親房は田舎武士の身分を超えた官職を与えることに大きな抵抗があったものとおもわれる。「権守」等の権官を与えたことにそれが表れているが、ともかくも親房の最大の「武器」は官職の推挙であったことは確かである。親房はこの「武器」を手段として、背後の国人集団を味方に引きつけようとしていたのである。

親房が五年間もの間常陸で足利軍の攻勢に耐え、南朝再建のために活動したことに対して、よく常陸の一角を守りえたものであるとし、その理由を東国武士の排他的な形勢観と、幕府側が力を結集して攻勢できなかったところにあるとするのが一般的な評価となっている。問題はどうして東国武士が一致して攻勢をかけられなかったかという点である。

鎌倉府が大攻勢をかけたことは『日野市史　高幡不動胎内文書』などによって知ることができる。しかし攻めきれなかった。このときの常陸攻めは、正面の下総方面から攻撃を仕掛けたのであるが、苦戦の連続であり、駒館《こまだて》を落としたのみで撤退したのである。なぜ小田城を攻めきれなかったかといえば、小田城の背後に広範な一揆的な勢力が控えていたからである。確かに彼らは直接に大軍を送ったというわけではないが、直接に間接に親房らが籠《こ》もる小田城を支援していたことは疑いない。関・大宝城が落ちる最後の段階はともかく、それまでは兵粮《ひょうろう》などを送り込んでいたものと考えられる。北関東・南奥羽の国人一揆と連携し、支援を受けていたので親房は五年間も常陸の一角を守りえたのである。

このために足利方が行ったことは何かといえば、北関東・南奥羽の国人らの切り崩しをはかったのである。足利方の軍勢催促に応ずれば所領安堵するとする「勧誘」を振りかざし、一揆している国人内部の庶子らの離反を促したのである。ますます惣領制は崩れていき、各氏族内部で争いが続くようになっていく。そのもっとも有名なものが小山氏兄弟の争いであり、一揆に名を連ねている国人としては長沼氏の庶子が主導権を握っての幕府側への投降である。足利方は一揆内部を攪乱させ、さらに親房と吉野との間の確執に乗じて、高師冬《こうのもろふゆ》が宇都宮をまわって常陸北部に軍を進めて、北から小田城、関・大宝城を攻撃し始めた。こうなると、常陸南部の親房勢と北関東・南奥羽の国人一揆との間は完全に分断されてしまった。もはや万事休すである。親房がなりふり構わず官職の推挙を乱発し、最後には結城親朝に対して上総守護職補任をも持ちだしたが、手遅れであったといえる。

また、奉じていた興良《おきよし》親王は親房のもとを離れて小山城に入っており、南朝のシンボルもいなくなっていた。興国四年五月六日付、親房側近の範忠なる者の親朝宛ての書状（結城錦一氏所蔵結城文書）によれば、興良親王が小山氏のもとにおり、「楚忽参差《そこつしんし》（軽率でちぐはぐ）」の振る舞いをしていて惜しむような者ではないが、「他手」（敵方か）に引き渡されることは家の瑕《きず》になるからそれを阻止してほしいといっているのである。興良親王が独自の行動をとっており、親房と完全に手が切れていたことが知られよう。小山氏はこの親王を担いで「藤氏一揆」の盟主になり、「坂東管領」になろうとしていたのかもしれない。また南北両朝に対する第三王朝の擁立を試みたのではないかとの説も存在している。「坂東管領」を目論もうと、「第三王朝の擁立」であろうと、それを成しとげるためには、少なくとも北関東以北の一揆勢力を味方としなければ不可能であったことは自明のことであったが、実現しなかったことは歴史が示している。

南関東と北関東の攻防

北畠親房は常陸で五年間にわたって頑張ったが、結城親朝らの国人一揆の消極的支援を受けながらも、とうとう積極的な軍事支援を受けられず、最後には国人一揆が足利方に応じて、関・大宝城も、小田城に続いて陥落した。興国四年（一三四三）も押し詰まってきた十一月中ごろのことであった。この両城が落ちたことにより、城主の関宗祐《むねすけ》は戦死し、親房は脱出して吉野に帰還した。

常陸攻めの主力が武蔵・相模の両国であったことは明らかである。高師冬は武蔵・相模等の南関東の軍勢を引き連れて常陸攻めを敢行したのである。しかしなかなか攻め切れなかった。なぜかといえば何回も述べるように親房の後ろには北関東から南奥羽の多数の国人が消極的であれ、支援していたからである。それは緩やかながらも国人一揆の形態をとっていた。大きくみれば南関東と北関東の争いともいえる状況にあったのである。

確かに北関東から南奥羽にかけての地域の国人内部は複雑であった。北関東でも常陸の佐竹氏などは明確に足利方であったし、南奥羽の相馬氏などはこれまた足利方としての旗《き》幟《し》は鮮明であった。しかし、小山から伊達までの奥州街道沿いの国人の多数は反幕府的であったといえる。だがその国人らの内部も複雑で、惣領と庶子が相分かれて争っていたり、形勢を展望している者もかなりいた。だが大勢は北関東・南奥羽の国人一揆にみられるように親房方に荷担し、南関東勢と対峙していたのであったといえる。

東国における利根川を挟んで北と南に分かれて対立・抗争したものとしては享徳《きょうとく》の大《たい》乱《らん》以後の状況が有名である。享徳の大乱は室町中期の享徳三年（一四五四）鎌倉公方《くぼう》足利成氏《しげうじ》が関東管領《かんれい》上杉憲忠《のりただ》を殺害したことから起こった関東の大乱で、三〇年近くも続いた内乱である。成氏は本拠地を下総国古河《こが》に移し、鎌倉にいる関東管領上杉氏と京都の幕府から送り込まれ伊豆の堀越に居を構えた将軍足利義政《よしまさ》の弟政知《まさとも》と抗争した動乱である。この争いはまさに利根川を挟んだ南関東と北関東の武士層の争いであり、その後、関東は戦国時代にはいっていくのである。

南北朝動乱初期の常陸攻めにおける状況は、まさに享徳の大乱の原形となっているのである。享徳の大乱と同じように、北は伝統的豪族を中心とした勢力であり、南の武蔵・相模は中小領主層がその主軸であったといえる。関東における南と北の抗争は南北朝初期から戦国期まで続いたことに注目しないわけにはいかないのである。

その間、この両地域の関係はどのようなものであったのだろうか。この両地域間には基本的に争いが続いていた。南北朝後半期には小山氏が鎌倉府に叛旗をひるがえし、叛乱を起こして北関東・南奥羽の諸氏がそれに荷担して不安定な状況が続き、鎌倉府は奥羽に大軍を進めて鎮圧するのである。このため稲村公方・笹川公方を下向させて奥羽の地を何とか安定させようとするが、その両公方が対立し、さらには笹川公方と鎌倉公方の対立にいたるのである。さらにそこに室町幕府が介入して、北関東・奥羽の国人を京都扶持衆などに組織して、鎌倉府と対立させるのである。そして結城合戦から享徳の大乱にいたるのである。室町時代の東国の政治史を彩るのは、南関東と北関東・南奥羽の抗争が一つの柱となっているのである。これらの問題点の詳細は別の機会に述べたいとおもうが、関東の南北の対立は南北朝初期から存在したことを強調しておきたい。

生き残りをかけて

東国武士はなぜ親房を見捨てたのか

なぜ北関東・南奥羽の国人は北畠《きたばたけ》親房《ちかふさ》を見捨てたのかにふれておきたい。親房の東国掌握計画が成功しなかったのは、彼の東国武士に対する姿勢にあったとされている。名門貴族の出身である親房は武士たちを伝統的な秩序のなかできわめて低い地位に位置づけようとし、所領や官職の要求を無視し続けたことが、ほとんどの東国武士を反発させる要因であったとされている。現代の歴史家の評価も名門意識が強くて古風な姿勢、妥協を知らぬ行動、主戦論の強硬派等々、かんばしいものではない。

確かにこのような親房にたいする評価は的を射ているものがある。しかし、官職等の要求を無視し続けたというわけではない。無視し続けたならば、五年間も東国で頑張れるはずがなかった。彼は要求に対して、なにかとコメントをしながらも、ほとんどの要求を無視できずに吉野に推挙したのではなかろうか。それは前掲した「北関東・南奥羽国人一揆」交名《きょうみょう》の中の国人のほとんどが、なにがしかの官職を肩書きとしていることからも知られよう。これらの武士層が得ている官職は鎌倉時代にはとても考えられないような地位のものである。親房は古代以来の秩序維持の古風な人物といわれているが、実際には、合戦に勝利するために、官職等を東国国人に大盤振舞いをしたのであった。しかし、それでも東国武士の支持をえられなかったのである。

親房は武士社会の変貌を見誤っていた。鎌倉時代の武士団は惣領《そうりょう》を中心に庶子が結集して同族結合を形成していた。しかし、鎌倉後半期から武士団内部に変化がみられるようになり、庶子の独立化が進んでいった。こうしたなかで国人一揆が結ばれていくのである。一門の再結集を図る一族一揆はその一つであった。

国人らは動乱のなかで政治的去就に迷いながら、地域の支配者として村落の百姓とも対峙しなければならなかった。『日野市史　高幡不動胎内文書』にみられる武士などにはそれがよく表れている。ひとつ対応を誤れば、自己の所領を簡単に失う時代であった。惣領も庶子も生き残りに必死であったといえる。従来の武士社会が変貌していくなかで、一揆を結びながら、彼らの行動の基本は自己の所領の維持であり、さらに他の国人の所領を自らのものとすることであった。これがまさに「商人の所存」なのである。分散的な職による支配は不知行化していき、不知行になった分を近辺の土地で埋め合わせようとするのである。所領一円化の進展である。動乱のなかで所領の一円化をめぐって激しい争いが展開する。一族一揆が展開しながらも、一族の分裂も大いに進んだ。親房の書簡のなかには一族一揆とともに一族分裂に言及したものがかなり多い。

親房の鎌倉幕府論

ここで親房の政治思想について考えてみる必要がある。親房は後醍《ごだい》醐《ご》が樹立した建武政権に距離を置き、一定の批判を持っていたことは通説になっている。なぜかといえば、後醍醐の政治思想と相容れないものがあったからである。親房は後醍醐のように天皇専制政治を必ずしも志向していたわけではない。それは『神皇正統記《じんのうしょうとうき》』のなかにおける後醍醐批判に表れている。この書のなかで親房は、政道とは、正直慈悲を本《もと》にして政治を立派に行うことであるが、立派な政治を行うためには、職にふさわしい人材を登用すること、国や郡などを臣下に恩賞として与えるときには、必ずそれに足るだけの正当な理由があること、さらに功ある者は賞し、罪ある者は必ず罰することなどを強調して、後醍醐の政治姿勢を批判している。

親房の後醍醐に対する批判のもっとも根本的な点は、後醍醐が従来の政治形態（摂関や幕府が天皇を補佐する政治）を無視し解体したということにあった。親房も天皇親政は肯定していた。ただし、それは天皇専制ではなく、摂関等の公家がよろしく補佐して行う政治体制を望ましいものとしており、また彼は北条泰時《やすとき》などを高く評価していることにより、鎌倉時代の執権政治を肯定的に考えていたし、鎌倉幕府の成立や源頼朝についても評価している。『神皇正統記』の中でたとえば仲恭《ちゅうきょう》天皇（廃帝）の項で、「白河・鳥羽の御代のころから政道の古き良き状態がしだいに衰え、後白河の時代に戦乱が起こり、奸臣《かんしん》のために世が乱れた。天下の民衆はほとんどの人が塗炭《とたん》の苦しみを味わった。このときに頼朝が全力を振るってその乱れを回復したのである。王室（天皇政治）のあり方は古き姿に帰ったわけではないが、都の戦乱もおさまり、民衆の肩にかかる負担も軽減化され、上下ともに安心して暮らせるようになったことにより、東からも西からも頼朝の徳を称えたので、実朝がなくなった後も幕府に背くものがなかったとされている。幕府政治以上の徳のある素晴らしい善政をしなければ、どうして幕府を倒すことができようか。たとえ滅ぼすことができたとしても、民衆が安心して生活ができないならば、天は決してこれにくみしないであろう。次に王の軍は、咎《とが》のあるものを討ち、罪のないものを滅ぼすことはしない。頼朝が高官に昇ったり、守護の職（諸国の惣守護職）を給ったりしたのは、みなこれは後白河法皇の勅裁によるところである。これは頼朝が勝手に盗み取ったものであるということはできない。また実朝亡き後に頼朝の後室の政子がその跡を計らい、さらに義時が長く政治をとったが、いずれも人望に背かなかったので、彼らに臣下としての咎があるなどということはできない。一つの理由（源家の将軍が断絶したという理由）だけで幕府の追討をしたのは、王としての咎があったというべきである」と、後鳥羽上皇の行動を断罪しているのである。頼朝や泰時に対する評価はきわめて高いのである。この高い評価は鎌倉幕府政治をも肯定しているものといえる。

親房が東国で求めたものは何か

親房は鎌倉的な武士社会を理想としていた。それは前述したように、頼朝や義時時代の鎌倉幕府の政治を大いに評価し、鎌倉期の武士の在り方を美化している。そしてその比較から南北朝期の東国武士を「商人の所存」などと批判しているのである。親房は決して武家政治や武士を否定していたわけではない。徳のある善政をしいて、君主を補佐したならば、そのような政治形態を肯定する立場であったといえよう。摂関と同様なものとみなしていたのである。

彼が東国で目指した権力はどのようなものであったのであろうか。彼の著書である『神皇正統記』に表されている思想からしたならば、必ずしも「幕府」なるものを否定していないことにより、東国で「幕府」を開こうとしていたのではないかとも推定される。そして東国において、頼朝や泰時が行ったように（親房は頼朝らは朝廷を補佐したと考えている）、南朝の安泰のために活動するということを狙っていたと考えられる。彼の考えからいえば、南朝（朝廷）の安泰は、中央が専制的に政治を行うことではなく、地方に強力な地域権力を確立して、地方政治を安定化させ、朝廷を助けるところにあった。このことについては親房と一体的であった北畠顕家《あきいえ》の奏状に詳しく述べられている（この点については次の項で述べる）。だからこそ親房は鎌倉幕府が親王を将軍にいただいて政治を運営したように、親房も護良《もりよし》親王の子である興良親王を奉じて、後醍醐天皇から「直勅裁」をさしおくとの勅許を得たと称して強い姿勢で東国諸氏を統括しようとしたのである。このようなことは建武政権下で奥羽に下向して、陸奥国府体制＝奥州小幕府体制のなかで学んだ経験にもよっていた。地方に大きな権限を与えなければ中央の権力をも維持できないことを彼は感じていたのである。

このような意識で親房は東国武士に対応したのである。彼の対応は鎌倉時代と同様に主として惣領を通しての対応であった。だが武士社会は親房が考えていた以上に大きく転換していた。庶子の自立化が進み、一族内部でも庶子の発言力が強くなっていた。惣領の一声というわけにはいかない武士団が多くなっていた。親房の鎌倉的意識のために、庶子がぼろぼろと親房方から落ちていった。庶子が叛旗をひるがえせば惣領も一族結集のために庶子の行動に対応し、しだいに親房から離れていったのである。さらに「商人の所存」のごとき武士も普遍的な状況となっていた。幕府の方がこの問題に的確に対応したことはいうまでもない。南朝方に属していたならば一族の団結、一族一揆は維持することができない事態にいたっていたのである。一族を結集させ、所領維持が国人がどちらに属するか決定する最大の根拠であった。親房は京都の一般的公家よりは東国武士に対する理解は深かったが、それでも動乱の時代においては、親房に「古風な姿勢」というレッテルをはらざるをえない状況となっていたのである。鎌倉的な秩序意識の強い親房に、動乱期の東国国人を結集させる力はなかった。

南朝の失政

東国で南朝が敗北したのは親房の責任とばかりはいえない。親房の上記のような意識、権力構想は吉野の南朝方にとっては危険なものとして写ったに相違ない。後醍醐の中央集権的志向を引き継いだ吉野の公家層は親房の行動に制約を加えたのではなかろうか。そしてその最たるものが「藤氏一揆《とうしいっき》」問題であり、東国を意のままに掌握しようとする親房排除の典型であったといえる。

親房については敗北したとはいえ、中央のエリート公家が田舎で食料も乏しく、冬には厳寒の常陸でよくぞ五年間も持ちこたえたものであるという評価のほうが正当なものであろう。東国での敗北は南朝、その前身の建武政権に問題があったことに真の原因が存在していた。有名な後醍醐天皇を批判した北畠顕家奏状のなかの一条に次のようなことが記されている。

鎌倉幕府は各地に地方機関をおいて、その地域を領地して地方分権の政治を行っていた。先例を勘案すると、実に故実をわきまえていたといえる。ところが元弘一統（建武政権の成立）以後はこのような地方政治・軍事組織が確立していない。奥羽の地がわずかにそのような政治を行って、後醍醐天皇の新政権の後ろ盾になっているのみである。その理由は顕家を中心とする陸奥国府が整備されて置かれたからである。鎮西にはまったくそのような政治組織や軍事組織がなかったので、逆徒（尊氏）が敗走して九州にいたり、態勢を立て直し、軍勢を結集して攻め上がり、再び京都を陥れてしまった。地方機関を設置した奥羽と不設置の鎮西ではこのように違うということを知るべきである。およそ奥羽・関東・鎮西の三ヵ所に地方機関を置いてもまだ政治が滞る場合がある。ましてや中央のみにおいてすべてのことを決定したならば、政治のすべてが混乱してしまい、どうしてこの難局を救うことができようか。地方に権限を与え、政治を委任する人物を配置することは中国古代夏《か》・殷《いん》・周《しゅう》の三王朝以来の良策である。（中略）乱後の天下においては、人々はたやすく和解しないであろう。速やかに政務の適任者を選んで鎮西と関東に派遣されたい。もしぐずぐずしていたならば、必ずほぞをかむ思いの後悔をするであろう。そして山陽・北陸等に各々一人の藩鎮（地方行政官・軍事指揮官）を置き、その地域の国々を支配させて、非常の事態に備えるべきである。現在至急行うべきことはこれより外はない。　（醍醐寺文書）

延元三年（暦応元、一三三八）五月十五日、北畠顕家が堺で戦死する一週間前に、後醍醐天皇に認めた奏状であるが、まさに建武政権の弱点をずばりと突いた指摘である。彼にいわせれば、中央に権力を集中して、中央集権・天皇専制政治を行ったのでは、政治が混乱して収拾がつかなくなるというのである。だから早く地方に適任者を派遣せよというのである。後醍醐は基本的には文官主導による宋朝型の天皇専制政治を目指したのであるが、このような政治志向は、地方政治に携わり、奥羽において辛酸をなめた顕家の基本的政治理念と相容れるものではなかったし、事実、後醍醐の政治方針は地方の武士層に歓迎されるものではなかった。その理由は有力国人や守護層による分権的地域割拠が進みつつあったからである。奥羽や関東、鎮西および山陽、北陸等の地域ブロックにおいて、彼ら地域封建勢力を統括する組織や人物が必要になっていた。顕家は十分にそのことを感じ取っていたのであり、親房もまた同様であった。

建武政権を継承した南朝も基本的には後醍醐天皇の政治理念を引き継いでいた。しかし、後醍醐が顕家のようなことを考えていないわけでもなかった。九州へ懐良《かねよし》親王を派遣したりしたことは、そのような意向があったからともみなされる。また、顕家の奏状をまったく無視したわけではなかったのは、何回も述べているように親房が自分は後醍醐に東国に関わる全権を委任されているなどと主張しているのがその証拠である。しかし、南朝は基本的に中央集権を志向する権力であり、地方への配慮が乏しかった。その例としては、繰り返しであるが常陸で親房が苦労しているときに、吉野の画策と思われる「藤氏一揆」問題を起こして、東国の南朝勢力が分裂状況になったことを指摘すれば十分であろう。

親房を古風とばかり批判できない。確かに親房の考え方は従来の鎌倉的な意識を守り、守旧的であったが、その活動は保守的な上流公家層の枠をはみでてきわめて「斬新」な行動であったことに注目しなければならない。彼をして、これほどまでの行動をなさしめた理由は何か、この点こそ興味あることであり、動乱の時代が生み出した強烈な個性をもった人物の一人であるといえる。自らの信念にもとづいたその生き方は「ある人々」を引きつけてやまないものを持っている。

その後の東国と奥羽

足かけ五年という歳月をついやしてようやく鎌倉側は常陸で勝利を得た。しかし、奥羽には北畠《きたばたけ》親房《ちかふさ》の子である顕信《あきのぶ》が依然として健在であり、幕府軍と死闘を演じて対峙していた。この顕信を中心とする南朝方と抗争していた幕府方の中心となっていたのは奥州総大将石塔義房《いしどうよしふさ》とその子義元《よしもと》であった。

奥州総大将 石塔義房

北畠顕家《あきいえ》が霊山《りょうぜん》に立て籠もったころに、幕府側は足利一門の石塔義房を奥州の軍事指揮官に任命して、奥州総大将として彼が奥羽に現れ、幕府側の中心となって活動し始めている。彼は駿河・伊豆両国の守護であったが、急遽奥羽に派遣されたのである。義房は宮城県の多賀城（国府）を中心に南は福島県の北部、北は岩手県の南部付近を勢力圏としていたが、南側には、南朝方の伊達氏や白河氏らが強固な勢力を維持しており、また吉野から下向《げこう》した北畠顕信や南部氏らが北側から圧迫していた。顕信は北から白河氏と連絡を取りながら宮城県北部の伊具荘辺りまで進出して、国府に攻撃をかけてきた。すでに述べたように義房が和賀郡の鬼柳《おにやなぎ》義綱に宛てて、「合力しないならば、長く恨み申す」と書いて送るような緊迫した状況が奥羽に起こっていたのである。しかし、常陸の戦いは小田治久《おだはるひさ》が足利方に投降したので、南朝勢力が決定的に不利になり、義房・義元は辛くも窮地を脱したのである。

石塔義房はその肩書きが示すように軍事指揮官であった。彼の発給した文書のほとんどは軍勢催促状である。義房は奥羽の国人に対して、建武政権下の陸奥国府が行った政策を継続していたように見受けられる。郡検断奉行《ぐんけんだんぶぎょう》を活用して国人を結集しようとしたとされている。郡検断奉行を各地の国人に安堵《あんど》して彼らを味方に引きつけようとしたのである。そのようにして与えられた職権は「分郡」と呼ばれていた。「渋江凶徒誅伐のため、発向する所なり、早く一族ならびに分郡軍勢を相催し、来月三日以前、馳《は》せ参ぜらるべきの状件《くだん》のごとし」（相馬文書）との軍勢催促状を義元が相馬親胤《そうまちかたね》に発したのは康永二年（興国四、一三四三）八月二十一日のことであった。

しかし、常陸合戦が終了すると、主体的に行政的側面にも関わるようになっていった。これ以前の状況はどうであったかといえば、陸奥国府体制が解体した以後においては、奥羽地域には明確な行政組織が成立していなかった。各地で合戦が続いており、郡検断奉行のような軍事指揮官が行政官を兼ねていたともみられるが、奥羽の国人《こくじん》が自らの所領を維持していくためには、このような公権とともに、近隣の国人との間で一揆を結び、互いに協力し合いながら行動していたものとみられる。その典型的例が北関東から南奥羽の国人一揆であった。このような状況は各地にあったものとみられる。

しかし状況は変わってきた。常陸の南朝勢力が壊滅し、南奥羽の国人もいちおう幕府側に属したことにより、行政組織が必要となってきていた。そこで幕府は奥羽支配の立て直しをはかろうとし始めていたのである。康永四年（一三四五）石塔義房は京都に召し返された。親房が常陸から吉野に帰還した一年半後のことであった。義房に代わって奥羽に下向してきたのは、畠山国氏《はたけやまくにうじ》と吉良貞家《きらさだいえ》の二人であった。

奥州管領体制

石塔義房父子に代わって畠山国氏と吉良貞家が奥羽の多賀国府に着任したのは貞和《じょうわ》元年（一三四五）のことであった。二人が奥羽統括の責任者として下ってきたのである。このときから奥州総大将ではなく奥州管領《かんれい》と称されるようになった。これはまさに政務と軍事を兼ねそなえた職務であることの名称であった。
なぜ二人という複数が任命されたのかといえば、次のようにいわれている。すなわち、中央の二頭政治、二党派の対立を反映したものであると。京都の幕府内部においては、将軍である足利尊氏《たかうじ》とその弟である直義《ただよし》が協調して統治しているとされ、二頭政治という形態が統治の特色であったとされていることはよく知られている。そしてそのようななかから将軍の執事《しつじ》である高師直《こうのもろなお》と直義との間に対立が生まれ、師直派と直義派の二党派が形成されていった。中央のこのような党派の対立が奥羽にも持ち込まれたのであるとされている。

畠山国氏は高師直派として知られており、吉良貞家は直義とともに鎌倉に下り、建武政権下において、鎌倉将軍府で活躍しており、また足利幕府が成立すると幕府官僚として直義とともに行動していた。このような経歴を持つ両者が奥羽に下向してきたのである。彼ら二人は奥羽には、在地領主としての基盤をなんら持っていなかったが、幕府権力を背景に行政官と軍事指揮官を兼ねそなえた地位で乗り込んできたのである。彼らが奥羽の統括者として成功するためには、まず奥羽の国人の支持を得られるかどうかということがもっとも重要な点であり、また両者が協力・協調して政務を行うことができるかということも幕府支配を貫徹させるための重要なポイントであった。

奥州管領制とはどのようなものであったのだろうか。遠藤巌氏の研究によってみてみよう。両管領の発給した文書の分析から、両管領には権限の区分はみられず、両者が同等な権限を持つ地位にいたとされている。そして発給文書からみる職権は、軍事指揮権は当然として、寺社興行権のほかに所務・検断・雑務沙汰等について審理をし、当事者が地頭御家人の場合は幕府の裁決を仰ぎ、その他については管領が裁決するものであったという。また諸氏の安堵や恩賞も管領の推挙によって幕府が行ったとされている。管領府の構造は奉行制と両使制を柱に、旧陸奥国府の組織した郡検断・奉行職を再編したものであったという（『中世奥羽の世界』）。

奉行衆は管領被官層と現地の国人によって構成されており、両使（土地相論等に関する命令を履行するための二人の使者）は奥羽の武士層が登用されていた。奥州管領制は基本的には旧陸奥国府の支配体制、政策を引き継いだものであったので、その体制が変質していくのは当然のことであった。この体制の変質・解体の直接的な契機は中央の二頭政治の解体・分裂の余波であった。だが根本的な要因は奥羽の国人層が自立して、独自な所領を形成し始めたところにあった。郡検断などという公権はあまり役に立たないような事態が進行し始めていたのである。公権によって権威や権力を保持しようとする奥州管領制が衰退していくのは自然であった。ではどうなっていったのかといえば、奥羽の国人相互が連携して支配を展開していく国人一揆の時代となっていったのである。関東や奥羽に多くの国人一揆が結ばれていく。北関東・南奥羽の国人一揆はその後も緩やかに連携しながら政治的影響力をたもっていったとおもわれる。北関東から南奥羽の動向が室町期の政治に大きな影響力を持っていたことはすでに述べたとおりである。

北畠顕信

北畠顕家の戦死後、奥羽において南朝方の盟主として活動したのが弟の顕信である。顕信は周知のごとく、延元三年（一三三八）秋、父親房や義良《のりよし》親王らとともに伊勢から東国へ旅立ったのであるが、遠州灘で遭難して伊勢に吹き戻された。しかし、二年後の興国元年（一三四〇）に再度奥羽に向けて出発して、常陸をへて、この年の秋に葛西《かさい》氏を頼って奥羽石巻の日和山《ひよりやま》城に入ったとされている。彼の地位は鎮守府将軍兼陸奥介《むつのすけ》で、将軍と陸奥国司を兼ねていた。

顕信は奥羽に着くと、常陸の親房や白河の結城氏と連絡を取りながら積極的に軍事活動を展開していき、北奥羽を南朝の支配下におさめていったのである。この顕信を支えたのが北奥の雄である南部氏であった。そして顕信は北奥勢を糾合《きゅうごう》して足利の拠点である多賀国府にじわじわと迫っていった。奥州総大将石塔義房も国府をたって栗原郡三迫《さんのはざま》で迎え撃った。康永元年（一三四二）十月のことであった。このときに義房が鬼柳氏に悲壮な覚悟で援軍を要請したことは前述したとおりである。しかし、この合戦で顕信軍は敗れて再度北奥に退却したのである。

顕信が北に逃れると石塔義房は彼を追って「糠部《ぬかのぶ》・滴石《しずくいし》の凶徒退治」のために岩手郡の辺りに出兵して顕信を圧迫している。さらに義房に代わって奥羽に奥州管領として下向してきた吉良貞家らは、貞和二年（一三四六）の暮に北奥の雄族である南部政長が足利方となったことなどの時期をみはからって、福島県中通りの宇津峰《うづみね》、藤田、霊山に立て籠もる南朝勢を攻撃して一定の成果をあげた後、反転して北上川《きたかみがわ》中流域に軍勢を進めて、岩手郡の平定を試み、平泉に駐留した。貞和四年（一三四八）末から翌年にかけてのことであった。顕信はしだいに北奥の端に押し込められていったが、しかし、観応《かんのう》の擾乱《じょうらん》によって息を吹き返すのである。

その後の鎌倉府

常陸合戦が鎌倉方の勝利に終わると、関東はしばしの平穏期に入った。関東から南朝勢力は一掃され、また北関東の有力豪族層の不穏な動きもいちおう静まった。関東が平穏な状況になると鎌倉府の動きがあまりみえなくなった。

観応の擾乱までの鎌倉府の動向を示す史料がきわめて少ないのである。この当時の鎌倉府の主である足利義詮《よしあきら》はもちろん、高師冬《もろふゆ》、上杉憲顕《のりあき》らの発給した文書がきわめて少ないのである。であるから、このころには鎌倉府なる統治機関は存在していなかったのではないかとの指摘もなされている。常陸合戦の折の高師冬の地位は、奥羽における奥州総大将石塔義房と同じ鎌倉（関東）総大将であったのではないかというのである。

では関東支配に対してだれが指示を発しているかといえば、足利直義《ただよし》と高師直《もろなお》が中心となって命令を下している。たとえば貞和元年（一三四五）十一月九日付足利直義が「相模国山内庄秋庭郷内信濃村」の相博《そうはく》について正続院《しょうぞくいん》塔主禅師宛てに御教書《みぎょうしょ》を発している（円覚寺文書）。また貞和三年四月十九日には、金沢称名寺の住持職を安堵《あんど》している（金沢文庫文書）。彼はほかにも寺社関係に関わる命を発しているのである。一方、高師直については、貞和二年五月十七日、上杉憲顕宛てに、佐竹貞義への常陸国田中荘地頭職宛行《あてがい》に関わる施行状を発している（常陸密蔵院蔵古文書）。同様な憲顕宛てのものが貞和五年（一三四九）八月二十八日にもみられる（前田家所蔵文書）。さらに幕府奉行人の発した文書も存在している。このような文書の残存状況から推測すると、「鎌倉府は存在しなかった」とする見解もまったく否定してしまうこともできないが、本当に「鎌倉府」はなかったのであろうか。

貞和四年（一三四八）五月に円覚寺に対して甲乙人《こうおつにん》の乱入狼藉《ろうぜき》を禁止した禁制が存在している。その奥書に次のように認められている。

当寺奉行能州《のうしゅう》、同執筆奉行矢多田弾正忠入道あい共、両管領に伺い申す、もっとも子細あるべからざるの由、治定の間、貞和四年五月十三日、侍所《さむらいどころ》制札を山口に立てられ訖《おわんぬ》、寺庫に納めんがため、さらに此の一通の制札をなさるる所なり、同十三日、後日のためこれを記す、思淳　（覚園寺文書）

山門に侍所の禁制を立てたのであるが、寺に控えを取っておくためにもう一通の制札を作ったというのである。注目すべきはここに「両管領に伺い申す」とあることである。この両管領とは鎌倉府管領の高師冬と上杉憲顕と推測されている。「両管領」という語句はほかにもみられる。金沢文庫文書の年不詳書状のなかに下総国香取《かとり》郡の動乱の状況を述べたものがあり、それに「両管領」という文言がみえている。これらから、鎌倉には管領という職務を持ったものが存在し、侍所という組織があったことが知られよう。鎌倉には足利義詮を戴き、管領や侍所というような組織を持った権力機構が存在していたことは疑いないところである。

関東も奥羽も二人の管領を中心とする軍事・行政機構が成立したのであるが、この両管領による権力機構は安定的に機能しなかった。中央の権力闘争の余波を受けて両管領制は解体していくのである。

尊氏・師直と直義の対立

中央の権力闘争といったが、それは何かといえば、周知のごとく、足利直義と高師直の対立、やがてそれが直義と尊氏の抗争に発展し、ついには幕府は分裂して二頭政治が崩壊していったことである。この過程については佐藤進一著『南北朝の動乱』の記述が詳細である。簡単にその概略を示すと次のような経過であった。

この対立の要因は、政治方針の対立と党派闘争であったが、貞和四年（一三四八）正月に四条畷《しじょうなわて》で高師直を中心とする幕府軍と南朝軍との間に激戦が展開されて、幕府軍が勝利したことから高師直と直義の抗争が始まった。というのはこれによって師直の声望が一挙にあがったからであるという。そこで直義が先制攻撃をかけて、貞和五年（一三四九）閏六月に将軍執事師直の罷免をかちとった。しかし、二ヵ月後には高師直がクーデターを起こして、直義を政務責任者の地位から追い、鎌倉から義詮を呼び寄せて、その地位に義詮をつけ、鎌倉には尊氏の次男基氏《もとうじ》を下したのである。そして再び師直は執事に返り咲いたのである。そして直義と尊氏の関係も、直義を支援する足利直冬《ただふゆ》の動きをめぐって険悪化した。

ここにいたるともはや両者の関係は修復が不可能な事態となっていった。観応元年（一三五〇）十月二十七日に直義は京都を脱出して大和に入り、尊氏・高師直派を討つために挙兵した。直義の陣営に多くの武将が参加し、次の年二月摂津の打出浜の戦いで尊氏・師直は敗北し、高師直一族は帰京の途中に殺害されて滅亡したのである。尊氏と直義はいったんは和睦したのであるが、直義派が優勢で、いよいよ尊氏と直義の幕府主導権をめぐっての死闘となっていくのである。このような両党派の抗争に関東・奥羽の両管領が関わり、これまた両者が死闘を繰り返すのである。

関東・奥羽の両派の抗争

鎌倉府内部の確執は直義派の勝利で終ったが、そのことを次の注進状がきわめて明快に示している。

関東注進状案

上杉左衛門蔵人（能憲《よしのり》）、去年観応元十一月十二日、常陸国信太庄《しだのしょう》において旗を揚ぐ、同十二月一日、上杉戸部（憲顕）鎌倉を立ち上野国へ下向、同月廿五日、高播磨前司（師冬）鎌倉を没落、同日夜半毛利庄湯山（相模国愛甲郡）に著す、若御前（足利基氏《もとうじ》）

には三戸七郎・彦部次郎・屋代源蔵人・一色少輔三郎・加子修理亮・中賀野加子宮内少輔・今河左近蔵人御共、この人々五人、湯山坊中において、翌日辰の時、三戸七郎をは宮内少輔これを討つ、彦部を加子修理亮これを討つ、屋代をは義慶（石塔義房）これを手討ち、以上三人討たれ畢、よって同十二月廿九日、若御前鎌倉に入御、御共人々上杉戸部以下先陣三浦介（高通）、椙下判官御陣、ここに播磨前司甲非（斐）国逸見《はやみ》城に楯て籠もると云々、討手正月五日、上杉兵庫助（憲将）数千騎勢を卒（率）いて発向、加子宮内少輔三郎・上杉左衛門蔵人をもって、海道より上洛を企て候、この旨をもって披露せしめ給うべく（候脱か）、恐惶謹言、

観応二年正月六日　　　　　　　　沙弥義慶（石塔義房）

謹上　御奉行所

（醍醐寺報恩院所蔵古文書録乾）

沙弥義慶とは、常陸合戦の折に奥州総大将として活躍した石塔義房である。この時期に関東に下向してきていたのである。この書状によると、京都の足利直義が観応元年十月に反高師直の兵を挙げたのに呼応して、関東においても上杉能憲が半月ほど後の十一月十二日に常陸国信太荘で反師冬の狼煙《のろし》をあげたのである。このときの鎌倉府の主は、義詮に代わって鎌倉に下向してきていた十歳の弟基氏であった。十二月になると、上杉憲顕が鎌倉

を脱出して自分の領国である上野国にいたり反鎌倉の姿勢を明確にした。このため師冬は憲顕を討つために十二月二十五日に基氏を奉じて鎌倉から軍を毛利荘湯山（厚木市）に進めたのであるが、そこで反師冬の「叛乱」が起こったのである。基氏の近臣らが基氏を奪還して憲顕派となり、鎌倉に帰還してしまったのである。そのため、進退に窮した師冬は甲斐に走り、逸見《へみ》城に立て籠もったので、上杉憲将らが数千騎を率いて師冬を討つために発向したというのである。

そして師冬は次の年の正月十七日に諏訪氏らに攻められて自害するのである。関東においては直義派の圧勝であった。

奥羽の動きはどうであったであろうか。奥羽も高師直党と直義は完全に分裂して激しい合戦が展開された。次の史料がそのことを明らかにしている。

師直・師泰治罰の事、仰せ下さるるの旨に任せ、打ち立ち候の処、畠山上野入道・同右馬権頭国氏・留守但馬守家次師直に同意せしむの間、今月九日以来、所々において合戦の刻、御方打ち勝つにより、国氏等は府中、岩切・新田両城に落籠の間、連日合戦の最中なり、時日を廻らさず、庶子を相催し馳参し、軍忠致さば、宜しく賞を抽《ぬきん》ずべきの状件のごとし、

観応二年正月廿八日　　　　　右京大夫（吉良貞家）（花押）

伊賀三郎左衛門尉殿

（飯野文書）

ここにみられる吉良貞家《さだいえ》は明確な直義派であった。中央の影響を受けて奥羽も分裂状態となっていたが、観応二年（一三五一）正月九日より激しい戦闘が各地で繰り広げられ、奥羽の地においても直義派が圧倒する。師直党である管領畠山国氏は追い詰められて岩切や新田城辺りに立て籠もったが、吉良側の総攻撃を受けて父高国らとともに自害したのである。観応二年二月十二日のことであり、奥羽でも直義派の力は圧倒的に優勢であった。ついでに述べれば、中国や九州地域でも直義党の直冬《ただふゆ》が優勢な情勢を築いており、中央でも地方でも直義勢力が席巻していたのである。

観応の擾乱　だが中央では尊氏の巻き返しが激しく、両党の抗争は激しくなっていった。『太平記』は両者の争いを「夜になり、どこからか兵が五〇〇騎・三〇〇騎と鹿《しし》が谷・北白河・阿弥陀が峰・紫野辺に集まってくると、このことを聞いて、将軍尊氏側は高倉殿（直義）が寄せてきたのではないかと肝を冷やし、高倉殿方は将軍より討手《うて》を向けられたといって用心した」と述べているのである。

観応二年七月に直義は中央政界で追い込まれて政務を辞して、八月一日にまたまた京都から没落したのである。このときを最後に直義は二度と京都に帰ることはなかった。直義は自分の勢力が強い北陸をへて、東国に下っていった。そこには直義がもっとも信頼する上杉憲顕がいたのである。

一方、尊氏は周知のごとく南朝と講和して、十一月に軍勢を率いて京都を出発して関東に下向し、各地で直義軍を破り、直義を屈伏させた。次の年の二月二十六日、直義は死去した。尊氏によって毒殺されたといわれている。

観応《かんのう》の擾乱《じょうらん》によって中央の幕府は権力が分裂していた二頭政治から、権力機構を一本化した将軍―管領体制が成立し、まがりなりにも将軍専制体制が確立したのであるが、東国・奥羽地域はどのような事態になったのであろうか。関東においては一時擾乱に乗じて新田義興《よしおき》が蜂起したが、尊氏にすぐさま鎮圧され、その後ほぼ二年にわたって鎌倉に居座り、東国の安定化に努めるのである。そして引き続き基氏を鎌倉に置き、畠山国清・高《こうの》南宗《なみむね》らを執事として補佐させて、尊氏は上洛していく。東国を統括する鎌倉府が完全に確立して東国幕府ともみなされるような支配機関となっていくのである。

他方、奥羽の権力機構は解体の道を歩んでいく。観応の擾乱の幕府側の足並みの乱れをついたのが南朝勢力であった。観応二年（一三五一）北奥にいた北畠顕信は南奥中通り宇津峰（郡山市）にいた守永王《もりながおう》と呼応して蜂起し、旧南朝勢へ軍勢催促を発して、南北から吉良貞家が守る陸奥国府に迫っていった。各地で激戦が展開された。貞家はいったん国府を捨てて岩城まで逃れ、そこで態勢を立て直して、中通りの稲村にいたり、そこで南朝軍を撃破した。そして再度国府の奪還のために多賀城に進軍し、国府は再び吉良軍のものとなり、北畠顕信は北奥へ退いたのである。

国府を奪ったといえ、奥州管領制は無傷ではなかった。もともと吉良貞家は直義派であったことにより、直義派が解体すると消えていく運命であった。そしてその後に奥羽は権力が分裂して何人もの奥州管領を称するものが出現してくるのである。奥州四管領の時代などと呼ばれる時代となったのである。しかしこのような時代を推し進めた背景には次の史料が示す動きがあったことを指摘して本書を閉めよう。

田村の一族安積《あさか》の一族一揆事、相互に大事小事をみつかれ申、見つき申へし、但《ただし》此内にむりをたくまん輩においては、一きをそむくへし、若《もし》此事いつはり申候ものならは、（中略）仍《よって》起請如件《くだんのごとし》

観応弐辛卯三月九日　　　　　左衛門尉祐信（花押）

弾正殿（田村顕基）　　　　（富塚文書）

まさに国人一揆の時代が到来していたのである。

北畠親房と東国武士――エピローグ

親房と東国武士

南北朝初期の東国の政治状況を「常陸《ひたち》合戦」などを通してみてきた。東国は鎌倉幕府が滅亡したことにより、新しい秩序が求められていた。そしてその秩序を担う東国の国人《こくじん》層が自らの生き残りをかけて合従連衡《がっしょうれんこう》を繰り広げ、新しい社会や政治の確立を求めて模索し始めていた。南北朝動乱は日本歴史上さまざまな側面で大きな変革をともなうものであったが、ことに新しい社会意識の発生は、東国の人々にも意識の変革をもたらしており、新しい意識が芽生えていた。東国の武士層も鎌倉型の武士ではなくなっていた。

このような東国に上流公家である北畠親房《きたばたけちかふさ》が、なみなみならぬ野心を持って飛び込んできた。彼は誠心誠意東国の国人層におのれの信ずるところを説いたのであるが、彼の信念は通じず、失意のうちに吉野に帰還したのである。その後の親房は東国での失敗した経験にもとづいて、直義《ただよし》と尊氏《たかうじ》の確執を大いに利用して、政略家として名を売るのである。奇襲や約束の反故《ほご》、裏切りを掌中のものとして活躍する。

親房の評価は「正平《しょうへい》一統」期の政略、政治的対応のまずさによっていることが多い。それは「独善的といってもよいほどの自負心」とか、「策謀家」「目的のためには手段を選ばない」とか評されており、あまりかんばしいものではない。しかしこのような態度は東国にいるときに味わった武士への失望が高じたもの、東国武士に裏切られたという思いから発したものということもできる。彼の晩年の行為や思想をもって親房のすべてを評価すべきではないのではないかとおもう。

親房は建武政権の成立、南北朝動乱の開始直後は東国武士の組織者として下向《げこう》したのである。彼の政治的信条は決して後醍醐の思想に同調するものではなかった。旧来の鎌倉型の政治を理想とし、執権政治を高く評価していたのである。東国武士に対して甘い期待を持っていた。だが現実は違っていた。親房の「高邁《こうまい》」な理想も見事に打ち砕かれた。

東国武士から親房をみてみよう。親房の考えは南北朝期の東国武士からみるならば、アナクロニズムとしかいいようがなかった。武士たちは鎌倉前期のような秩序のなかで、身分の低い地位に甘んじて朝廷に仕えなければならないとか、所領の要求を「商人の所存」と罵《ののし》ったりして、武士の在り方の理想を追い求めたとしても、武士社会が大きく転換しているなかでの親房の行動は、当時の武士層と相容れるものではなかった。

東国における南北朝動乱

では東国における親房の「戦い」は、歴史的にまったく意義のないものであったのであろうか。建武政権下の陸奥、動乱初期における「常陸合戦」、いずれも、彼にとってなんら得るところなく吉野に帰ったのであるが、客観的にみて彼の行動は東国社会にどのような影響を与えたのであろうか。まず奥羽地域からみると、顕家と一体となって奥羽経営にあたったり、常陸から奥羽諸氏に決起を呼び掛けたことにより、関東の植民地的状態であった奥羽が、それからの自立化に一役買ったことはいうまでもないであろう。北条氏や足利氏の領域支配を排除して、奥羽国人の自立化を促したことは疑いないところである。関東に対してはどうであろうか。客観的に長い目でみたならば大きな影響を与えたようにおもわれる。すなわち「常陸合戦」のなかで北関東の伝統的豪族層による支配、惣領《そうりょう》による一族統制に楔《くさび》を打ち込み、それがしだいに解体していき、中小の国人の動きを活発化させたのである。そしてそれは客観的には国人一揆結成を促すものであったといえる。

そもそも東国における南北朝動乱とは何であったのだろうか。政治的には鎌倉府の確立、奥羽においては奥州管領《かんれい》制が成立したのであるが、すぐに解体して国人の分立・一揆の時代となるのである。東国の地域政権・自立的政権の成立という観点からみたならば、南北朝動乱は大きな画期であったことはいうまでもないことである。経済的には東国に銭が大量に流れ込み、全国の流通経済の中に確固として位置付けられ、軍勢が各地を移動したことにより、さらに交通が発達し、文化等の交流があったことも事実であろう。それにともない民衆世界も東国的世界から、畿内的な社会意識や思想が東国にも広がっていき、また農民の抵抗や活発な動きも東国各地にみられるようになっていった。中世という時代のなかの大きな転換期であったことはいうまでもないことである。

歴史の中の個人はダイナミックに歴史が動いているとき、その動きにもてあそばれる場合もあるが、その動きに抵抗したり、あるいはそれをさらに促進させようとする人々も存在している。北畠親房は動乱期の歴史の動きに「抵抗」を試みた一人であるとおもう。だが、客観的にみたならば、彼のその抵抗が東国社会や武士団内部の矛盾を拡大し、新しい社会などを生み出していく梃子《てこ》となったと考えられるがいかがであろうか。

北畠親房と近現代の評価

太平洋戦争が始まろうとする前夜、「後醍醐聖帝の御理想」、すなわち「天皇親政」翼賛の大合唱の中、後醍醐の政治姿勢に批判的見解を持つ親房の思想をめぐって苦悶する一人の歴史家がいた。戦前における良心的・実証的な歴史研究者である中村直勝である。

皇国史観に基づく平泉澄らによる北畠親房に関する「研究」が大手を振ってかっ歩する中、中村直勝は親房の『神皇正統記』の理解について、「後醍醐聖帝と北畠親房」の文章を自己批判して「私の従来の考察が不充分であり不完全である事に心付いたからである。(中略)近頃、如何にも其の所論に不満を感じたのであった。それ故に、それらの私の謬見を訂正しようとして、別に此稿を起こしたのであって、決して先輩諸氏の見に異を立てやう為ではない」(『吉野朝史』一四四頁)と述べているのである。

彼が「謬見」として自己批判している点は主として二つである。一つは親房が院政は否定しながらも「摂関政治」を認めているとした点である。皇国史観派からいえば、これを認めることは「天皇親政」を認めないことになるのではないかということであり、親房は決してそうではないとする批判である。もう一点は源頼朝や北条泰時を親房が高く評価している点についてである。彼らを評価するということは幕府政治を認めることであり、足利尊氏の幕府樹立を是認し、後醍醐の親政を否定することに繋がるという結論に行き着くということである。

実証史家中村直勝の「全面降伏」であった。事実は本書でも触れている通り、摂関を評価し、頼朝や泰時を大いに称賛しているのである。むしろ彼は東国で幕府的な政治を行おうとしていたとさえ推測されるのである。中村は時の圧力に押されて真実を曲げざるをえなかったといえよう。筆者も学生時代、戦前において『神皇正統記』をテーマにして教えた人から、天皇親政に批判的部分はカットしたとの話を聞いたことがあった。またまじめに『神皇正統記』を読んできた者が、親房の親政批判の部分を答案用紙に書いたならば落第させたというようなエピソードも噂で聞いたものである。

親房の政治思想にたいする戦前のこのような「冒瀆」は戦後大きな反動となったのである。親房の行動を否定的にみる見解が主流となり、「反動的」な『神皇正統記』の筆者として記されるのみとなったのである。一方で戦前以来の誤った評価を引き継いでいる者も少数ながら存在している。本書は親房の行動をもう少し客観的に評価してみようとしたものである。転換期の政治・社会の中で生きた公家を、東国社会を通してみようとしたものである。

ところで「歴史」とは「物語」であるなどと声高にいう人が存在する。このような人達に言わせると、歴史とは人間のドラマであり、物語であるというのである。さしずめ本書も「北畠親房と東国国人の物語」といったところになるのだろうか。しかし、面白い発想であるなどと、呑気に気軽に見過ごしてしまうことができないような状況が出現している。このような歴史学の科学性を否定して、歴史はドラマであると述べているような人々の歴史を見る目は、「物語」どころか強烈なイデオロギーに基づいているのである。

このような人々は、東アジア世界を侵略したことに無反省であるばかりでなく、喪失した日本民族の「誇り」を取り戻せと述べるとともに、人権を強く批判し、安易な他国との歴史認識の共有などは有り得ず、共有は屈状であると述べているのである。

諸外国はもちろん日本国内でも大きな批判をよんでいるこのような「考え」は近隣諸国民を傷つけるのみでなく、日本国民をも深く傷つけるものである。このような「排外史観」に「全面降伏」しないような政治や社会を造っていくのが科学的歴史学の使命である。これは戦前の歴史学の苦い教訓からえられた命題である。

あとがき

「香取社領と千葉氏」に関する卒業論文（一九六七年、千葉大学文理学部、指導教官小笠原長和先生）を書いて以来、東国史に強い興味を持っている。この頃は守護領国制研究が全盛の時代であったので千葉氏の守護領国制を研究しようとしたものである。しかし、この卒論は東北史学会で報告したおり、遠藤巖氏、入間田宣夫氏らに厳しく批判されてあえなくお蔵入りとなってしまった。進学した東北大学大学院での修士論文（指導教官豊田武先生）は、卒論の問題意識を引きずりながら、鎌倉府の成立過程について論じ、その後、博士課程においては室町幕府研究、奥羽史への関わりというように問題意識を広げていったのである。

このような私の研究の軌跡からして、研究の原点である東国史は常に脳裏から離れず、機会をみては東国に関わる小論文をなしてきた。今回吉川弘文館から「歴史文化ライブララリー」への執筆の場を提供されたことにより、研究の原点に戻って動乱初期の東国国人や鎌倉府の成立過程を見つめなおしてみようと試みたものである。また、北畠親房の行動を掘り下げたのは、私が居住している仙道中通り（福島県）で、隆盛をほこった白河結城氏にたいして興味を持っているからである。

現在の私は「中世王権」「南北朝動乱」等に関わるテーマで研究を行っているが、これらのテーマに東国問題を深く関与させながら研究を進めていきたいと考えている。なぜなら東国問題を抜きにして日本の中世は語れない点が多いからである。

二〇〇一年九月二五日

伊藤喜良

参考文献

〈地方史誌〉

『福島県史』一　福島県　一九六九年
『福島県史』七　福島県　一九六六年
『宮城県史』三〇　宮城県　一九六五年
『神奈川県史』資料編三　神奈川県　一九七五年
『白河市史』五　白河市　一九九一年
『日野史市史料集』高幡不動胎内文書編　日野市　一九九三年
『日野市史』通史編二（上）　日野市　一九九四年
『結城市史』第四巻　結城市　一九八〇年
『関城町史』資料編Ⅲ　関城町　一九八五年
『水戸市史』上巻　水戸市　一九六三年
『小山市史』史料編　中世　小山市　一九八〇年
『新潟県史』資料編三　新潟県　一九八三年

〈著書・論文〉

青木文彦「上杉家文書『足利氏書状』の再検討―初期鎌倉府の構想―」（『埼玉地方史』二六）一九九〇年

我妻健治『神皇正統記論考』吉川弘文館　一九八一年
遠藤巌「奥州管領おぼえ書き」(『歴史』四二)一九六九年
同「建武政権下の陸奥国府に関する一考察」(『日本古代・中世史の地方的展開』吉川弘文館)一九七三年
磯崎達朗「初期鎌倉府再考—南北朝初期の『鎌倉府執事』の性格を巡って—」(『史学』六一—三・四)一九九二年
伊藤喜良『南北朝の動乱』集英社　一九九二年
同『日本中世の王権と権威』思文閣出版　一九九三年
同『中世国家と東国・奥羽』校倉書房　一九九九年
小国浩寿『鎌倉府体制と東国』吉川弘文館　二〇〇一年
小林清治・大石直正編『中世奥羽の世界』東京大学出版会　一九七八年
佐藤進一『南北朝の動乱』中央公論社　一九六五年
同『室町幕府守護制度の研究』上　東京大学出版会　一九六七年
佐藤進一・笠松宏至・百瀬今朝雄編『中世政治社会思想』下　岩波書店　一九八一年
千葉徳爾『狩猟伝承研究』風間書房　一九六九年
冨倉徳次郎訳『とはずがたり』筑摩書房　一九六九年
中村直勝『吉野朝史』星野書店　一九三五年
永原慶二編『日本の名著九　慈円　北畠親房』中央公論社　一九七一年

松本一夫「初期鎌倉府の理解について」(『千葉史学』二五) 一九九四年
山田邦明『鎌倉府と関東―中世の政治秩序と在地社会―』校倉書房　一九九五年
結城宗広事跡顕彰会『結城宗広』厚徳書院　一九四一年
吉井功児『中世政治史残篇』トーキ　二〇〇〇年
渡辺世祐『関東中心足利時代の研究』新人物往来社　一九七一年復刊

著者紹介
一九四四年　長野県に生まれる
一九七四年　東北大学文学研究科博士課程修了、博士（文学）
現在　福島大学行政社会学部教授
主要著書
南北朝の動乱　日本中世の王権と権威　中世の国家と東国・奥羽　中世王権の成立　後醍醐天皇と建武政権

歴史文化ライブラリー
131

東国の南北朝動乱
北畠親房と国人

二〇〇一年（平成十三）十二月一日　第一刷発行

著者　伊《い》藤《とう》喜《き》良《よし》
発行者　林　英男
発行所　株式会社　吉川弘文館
東京都文京区本郷七丁目二番八号
郵便番号一一三—〇〇三三
電話〇三—三八一三—九一五一〈代表〉
振替口座〇〇一〇〇—五—二四四
印刷＝平文社　製本＝ナショナル製本
装幀＝山崎　登

歴史文化ライブラリー

1996.10

刊行のことば

現今の日本および国際社会は、さまざまな面で大変動の時代を迎えておりますが、近づきつつある二十一世紀は人類史の到達点として、物質的な繁栄のみならず文化や自然・社会環境を謳歌できる平和な社会でなければなりません。しかしながら高度成長・技術革新にともなう急激な変貌は「自己本位な刹那主義」の風潮を生みだし、先人が築いてきた歴史や文化に学ぶ余裕もなく、いまだ明るい人類の将来が展望できていないようにも見えます。このような状況を踏まえ、よりよい二十一世紀社会を築くために、人類誕生から現在に至る「人類の遺産・教訓」としてのあらゆる分野の歴史と文化を「歴史文化ライブラリー」として刊行することといたしました。

小社は、安政四年(一八五七)の創業以来、一貫して歴史学を中心とした専門出版社として書籍を刊行しつづけてまいりました。その経験を生かし、学問成果にもとづいた本叢書を刊行し社会的要請に応えて行きたいと考えております。

現代は、マスメディアが発達した高度情報化社会といわれますが、私どもはあくまでも活字を主体とした出版こそ、ものの本質を考える基礎と信じ、本叢書をとおして社会に訴えてまいりたいと思います。これから生まれでる一冊一冊が、それぞれの読者を知的冒険の旅へと誘い、希望に満ちた人類の未来を構築する糧となれば幸いです。

吉川弘文館

〈オンデマンド版〉
東国の南北朝動乱

On Demand
歴史文化ライブラリー
131

2019年（令和元）9 月1日　発行

著　者　伊《い》藤《とう》喜《き》良《よし》
発行者　吉 川 道 郎
発行所　株式会社　吉川弘文館
〒113-0033　東京都文京区本郷7丁目2番8号
TEL　03-3813-9151〈代表〉
URL　http://www.yoshikawa-k.co.jp/

印刷・製本　大日本印刷株式会社
装　幀　清水良洋・宮崎萌美

伊藤喜良（1944～）

ISBN978-4-642-75531-3